The Prayer That Heals

Praying for Healing in the Family

치유하는 기도

가족의 회복을 위해 기도하라

프란시스 S. 맥너트 지음

정갑중 옮김

기독교문서선교회

기독교문서선교회(Christian Literature Crusade; 약칭 CLC)는
1941년 영국 콜체스터에서 켄 아담스에 의해 시작되었으며
국제 본부는 영국의 쉐필드에 있습니다.

국제 CLC는 59개 나라에서 180개의 본부를 두고, 약 650여 명의
선교사들이 이동도서차량 40대를 이용하여 문서 보급에 힘쓰고 있으며
이메일 주문을 통해 130여 국으로 책을 공급하고 있습니다.

한국 CLC는 청교도적 복음주의 신학과 신앙서적을 출판하는
문서선교기관으로서, 한 영혼이라도 구원되길 소망하면서
주님이 오시는 그날까지 최선을 다할 것입니다.

The Prayer That Heals

: Praying for Healing in the Family

by
Francis S. MacNutt

Translated by
Ghapjoong Jung

Copyright © 2005 by Ave Maria Press
Originally published in English under the title as
The Prayer That Heals
: Praying for Healing in the Family
by Ave Maria Press
Translated and used by the permission of
Ave Maria Press®, P. O. Box 428
Notre Dame, IN 46556

All rights reserved

Korean Edition
Copyright © 2015 by Christian Literature Center
Seoul, Korea

# 추천의 글

황대우 박사

고신대학교 교회사 교수

프란시스 맥너트(Francis S. MacNutt)는 하버드 대학교 출신으로 미국의 도미니칸 수도회 소속 신부다. 또한 개신교 은사주의자들을 통해 은사운동을 접한 후 1960년대의 은사주의 복고운동에 주도적인 역할을 한 은사주의자이다. 그는 심리학자 주디스 캐롤 서웰(Judith Carole Sewell)을 만나 결혼함으로써 도미니칸 수도회로부터 파문되었으나, 1993년에 특별 사면을 받음으로써 그의 결혼은 공적으로 승인되었다.

한국에서는 그의 이름이 "내적 치유" 혹은 "귀신론"과 관련하여 이미 잘 알려져 있고, 그의 저서들도 그의 첫 저서 『치유』(*Healing*)을 비롯하여 다수 번역 소개되었다.

반면에 추천사를 쓴 본인은 은사주의자이기는커녕, 오히려 칼빈 전공자이기도 하고 자신이 칼빈주의자라고 공언하기도 한다. 이 책 서문에서도 밝히고 있는 것처럼 칼빈주의자들은 치유와 같은 기적적인 은사들이 "마지막 사도가 죽은 후로는 중단되었다"고 믿는 자들로 알려져 있다. 이런 이유로 혹자는 "그런데 어떻게 칼빈주의자를 자처하는 자가 은사주의 도서의 추천사를 쓴단 말인가?"라고 의문을 제기할 수 있을 것이다.

먼저, 밝혀두고 싶은 것은 필자와 같이 칼빈주의자들 중에는 하나님께서 원하시고 필요한 것이라면 지금도 기적의 은사들이 일어날 수 있다고 믿는 자들이 있다는 사실이다. 그리고 이 책은 칼빈주의자에게조차도 한 가지 사실만 주의한다면 성경이 가르치는 복음과 치유와 기도의 관계에 대해 깊이 숙고하고 배울 수 있는 좋은 안내서가 될 뿐만 아니라, 꺼져가는 기도의 불꽃을 다시 한 번 타오르게 하는 연료 같은 영적 활력소가 될 것이다.

이 책에서 맥너트는 기도란 성령의 치유 능력이 나타나는 통로이고 치유가 필요한 인생 난제들을 푸는 열쇠라고 확신한다. 그래서 그리스도인이라면 누구나 "치유"를 위해 기도할 수 있고 기도해야 한다고 강변한다. 그리고 그는 오늘날 맥없이 냉랭하고 습관적인 신앙생활에 젖어 사는 신자들의 근원적 문제를 "기도하지 않음"에서 찾는다.

질병이 낫도록 환자를 위해 기도하는 것은 당연지사이므로 환자 본인뿐만 아니라, 동료 지체들도 간절히 기도해야 한다. 그리고 이런 기도를 통해 하나님께서 치유의 기적을 베푸신다. "그러므로… 병이 낫기를 위하여 서로 기도하라!"(약 5:16) 분명히 기도는 하나님의 치유 능력을 나타내는 수단과 통로이다.

하지만 여기서 유의해야 할 한 가지 사실은 치유의 능력이 기도에 달린 것이 아니라, 하나님께 달려 있다는 것이다. 즉 기도 자체가 치유의 자동 실행 능력을 갖추고 있는 것은 아니다. 치유를 실행하는 능력은 오직 하나님 한 분에게만 속한 것이다. 맥너트도 지적하는 것처럼 병을 고쳐주신 분은 생명의 원천이신 예수님, 즉 하나님이시다. 그러므로 기도는 우리가 할 수 있고 반드시 해야 할 일이지만, 결과는 오직 삼위일체 하나님의 뜻과 손에만 달려 있다는 사실도 함께 인정해야 한다. 이 사실만 잊지 않는다면 신자의 기도는 아무리 강조되어도 결코 지나치지 않을 것이다. 왜냐하면 성경이 우리에게 친히 "믿음의 기도는 병든 자를 구원하리니 주께서 그를 일으키시리라"(약 5:15)고 가르치기 때문이다.

기도가 죄의 결과로 일어난 모든 불행을 치유하는 통로인 것은 사실이다. 이 책을 통해 우리의 삶에 활력과 열정을 불러일으키는 믿음의 기도, 진실한 기도가 무엇인지 배울 수 있기를 바란다. 이 배움과 더불어 지금 기도하는 우리에게 어떤 것이 심각하게 부족한지 깨닫는 은혜가 충만하길 바란다. 필자가 아는 한 본서를 번역한 정갑중 교수님은 누구보다 이 책의 내용을 깊이 이해하고 잘 번역할 수 있는 분이다. 또한 칼빈의 가르침을 사랑한 한국의 칼빈주의자 한병기 목사님의 제자이시다. 그러므로 그동안 맥너트에 대해 부정적인 시각을 가진 분들도 역자의 이 빛나는 번역을 통해 저자를 새롭게 만날 수 있는 기회가 되기를 소망하며 일독을 권한다.

마지막으로, 이 책과 더불어 칼빈이 저 유명한 책 『기독교강요』(*The Christian Institute*)에서 다음과 같이 강조한 칼빈주의적인 기도도 함께 마음에 새길 수 있기를 바란다.

> 주의 복음을 통해 제공되었고 우리의 믿음이 추구했던 보화들이 기도를 통해 파내어진다는 것은 사실이다. 기도의 실천이 얼마나 필요하고 유익한 것인지 말로는 다 설명될 수 없다.
>
> 그러나 혹자는 말한다. "우리가 어떤 긴급한 상황에 처해 있는지, 우리에게 필요한 것이 무엇인지 우리가 그분께 아뢰지 않으면 그분은 모르시는가? 그렇다면 마치 그분이 우리의 목소리로 깨어나실 때까지 조시거나 주무

시기라도 하는 것처럼 우리의 기도로 그분을 귀찮게 하는 것은 너무 지나친 것일 수 있지 않는가?"

하지만 이와 같이 생각하는 사람들은 주님께서 자신의 백성에게 어떤 목적으로 기도할 것을 가르치셨는지 깨닫지 못한다. 왜냐하면 그분은 자신을 위해서가 아니라 바로 우리를 위해 이[기도]를 제정하셨기 때문이다 ….

그리고 두 번째 법칙은 이것인데, 즉 우리가 기도할 때 항상 우리 자신의 부족함을 진정으로 느끼고, 우리가 간구하는 모든 것이 우리에게 절실히 필요하다는 것을 고백하면서 진지하고도 불타는 열정으로 기도에 임하는 것이다.

 들어가는 말

　수년 전에 저는 처음으로 개인적인 체험을 통해 우리가 사람들에게 기도해 줄 때 예수께서 오늘날에도 치유해 주시고 또 제 자신의 단순한 기도에도 사람들을 고쳐주신다는 정말 기쁜 소식을 알게 되었습니다. 그 후 저는 병자들을 위해 어떻게 기도하는 것이 제일 좋은 것인지 조금 더 알게 되었습니다. 그리고 사람들에게 기도해 보라고 권한 후 그들 역시 하나님의 놀라운 사랑을 발견하고 기뻐하는 모습을 보게 되었습니다!

　저는 매일 같이 친구들과 함께 이 놀라운 치유가 일어나는 것을 목격하고 있습니다. 수년 동안 시달리던 노파가 처음으로 고통에서 벗어나 기쁨의 눈물로 뒤덮인 얼굴을 한 채 예수께서 그녀 한 사람을 얼마나 사랑하시는지 깨닫는 광경을 바라보는 것은 정말 보람된 일이 아닐 수 없는 것입니다.

그러다가 1981년 저의 첫 번째 저서 『치유』(Healing)가 마침내 나온 후 저는 가족들의 치유를 위하여 보통 사람들도 기도하도록 격려하기 위해 이 작은 책을 쓸 마음을 먹게 되었습니다. 많은 사람들이 알기로는 치유가 아주 드문 일이거나 아니면 (가톨릭 신자들은) 아주 거룩한 신자라면 혹시 일어나거나 (칼빈 주의자들은) 마지막 사도가 죽은 후로는 중단되었다고들 믿고 있습니다. 하지만 우리가 다시 발견하게 된 것이 바로 이 치유 기도라는 매우 값진 진주였습니다. 저는 이 보화를 사기보다는 함께 나누기를 원합니다. 아주 기쁜 마음으로 말입니다.

하나님의 치유 능력을 발견한 이 기쁨 이면의 어두운 구석에는 그리스도인들이 대부분 이 치유 기도라는 귀중한 유산을 잃어가고 있다는 안타까운 사실이 크게 자리 잡고 있습니다. 어떤 교회에서는 하나님께서 의학과 같은 자연적인 방법 외에 다른 길로도 오늘날 치유를 과연 주시는지 반문하는 곳도 있습니다. "원수가 알곡에 가라지를 뿌린" 후 그 결과로 많은 그리스도인들은 치유는 고사하고 그들의 가정에서 서로를 위하여 무엇을 어떻게 기도해야 할지도 모르고 있습니다.

주일마다 교회에 출석하는 많은 수의 그리스도인들이 가정에서 서로를 위해 기도하는 법을 배우지 못하고 있는 것입니다. 제가 이 안타까운 사실을 처음 깨달은 후 집회나 수련회에서 사람들에게 제 생각에 대해 조사를 해 본 적이 있습니다. "어릴 적 아플 때 아빠가 여러분이 낫도록 기도해 준 기억이 있는 분이 혹시 몇이나 되십니까?" 지금까지 수십만 명에게 질문을 해 보았지만 그들이 아플 때 아빠가 기도해 준 기억이 있는 사람이 3% 정도였습니다.[1]

---

1 이 퍼센트는 미국의 전 지역에서 놀랍게도 한결 같습니다. 손을 든 사람들이 5%를 넘는 일이 거의 없습니다. 유일한 예외는 오럴로버츠대학의 학생들인데 그들 중 약 50%에서 아빠가 기도를 해 준 기억이 있다고 합니다. 반면에 백명의 신학생들이 모인 어느 수련회에서는 단 한명도 아빠가 기도해 준 기억이 없다고 합니다(그 당시는 조금 놀라운 일이었습니다만 이 신학생들이 안수 받은 후에는 사람들이 자발적으로 기도하도록 인도하는 일이 그들에게 자연스럽게 느껴질지 모르겠습니다). 다른 나라에서도 같은 질문을 해 보았지만 결과는 대체로 동일했습니다. 한국에서 있었던 이천 명이 모인 집회에서 단 한 명이 손을 들었습니다.

이 숫자는 정말 믿기 힘들지 않습니까. 독실한 기독교 가정에서 자란 출석 교인 중 97%가 이런 이야기에 익숙지 않으며 그들이 아플 때 아빠가 기도해 준 적이 없는 그런 신자라는 말입니다. 같은 질문을 엄마들에게 해 보면 기록이 조금 좋아집니다. 퍼센트가 약 20%로 올라갑니다. 하지만 다섯 명 중에 네 명은 그들의 엄마가 기도를 해 준 기억이 없다는 것이 비극이 아닌가요? 그 이유는 그들의 기도가 효력 즉 그들의 아이가 나을 것이라고 믿지 않기 때문일 것입니다.

결혼한 부부에게 그들이 서로를 위해 기도해 주는지 물어보면 대부분의 경우 기도한다 하더라도 식사 기도와 같은 형식적인 기도 밖에 하지 않는다는 것을 알게 될 것입니다. 가정에서 서로를 위해 기도해 주지 않는 것은 그들 자신들에게도 큰 손실입니다. 결혼한 부부들 역시 그들이 지금 무엇을 잃고 있는지 모르는 것이 너무나 보편적입니다. 함께 기도하는 것에 관한 설교도 쉽게 듣기 힘듭니다. 제 생각엔 서로 기도해 주지 않는 것은 주일날 교회에 출석

하지 않는 것만큼 심각한 손실일 것입니다.

예컨대 많은 그리스도인들이 하나님으로부터 멀어져 있는 것처럼 느끼며 심지어는 하나님이 그들을 사랑하시는지조차 확신이 없습니다. 그리고 이 거리감은 어린 시절로 거슬러 올라갈 수 있습니다. 만약 아이와 함께 있을 때 아빠가 하나님과 이야기할 만큼 가까이 그분을 느끼지 못한다면 아이의 신앙 역시 극히 개인적인 것이 될 것이며 하나님과 동떨어진 것처럼 될 가능성이 클 것입니다.

모두들 서로 간섭지 않는 조용한 주일 예배를 열광적으로 찬양하며 주위 사람들에게 화평의 입맞춤을 주는 그런 분위기의 예배로 인도할 것을 제게 요청한다면 아마 저는 불편해 할 것입니다. 하나님과 저의 관계가 매우 형식적인 것이 되기 쉽기 때문에 예수님이 제게 가까이 오셔서 "이제부터는 너희를 종이라 하지 아니하리니…너희를 친구라 하였노니"(요 15:15)라고 하신 것처럼 주님과의 우정을 맛보는 게 쉽지 않을 때도 있습니다.

제가 만약 나이가 젊어서 결혼을 염두에 두고 있

다면 저는 제일 먼저 매일 저와 함께 기도할 수 있는 짝을 찾는 게 최우선일 것입니다. 제 아내 주디스와 제가 함께 기도로써 하루를 시작하지 못했던 날이 아주 드물지만 저는 분명하게 그 확연한 차이를 감지하고 있습니다. 부부가 함께 기도하지 않는다면 말다툼이나 오해가 생길 때 쉽게 용서하기가 더 어렵게 됩니다. 우리가 함께 기도할 때에 하나님의 임재를 정말 몸으로 느끼게 됩니다. 우리 속 깊은 곳에서 뭔가가 힘께 흘러나오는 것입니다. 비로 지금 이 시간이 우리의 삶 가운데서 참으로 함께 기도해야 할 때라고 말하는 것이 결코 과장은 아닐 것입니다.

다시 한번 말씀드리지만 만약 당신이 공동체 속이나 아니면 대학의 룸메이트와 함께 살고 있다면 그저 순간순간 함께 기도하는 것은 큰 도움이 아닐 수 없습니다. 좀 더 개인적인 기도 생활을 추구하는 수많은 목사나 사제들이 그들 공동체의 교인들이 기껏해야 형식적인 기도 정도에 만족하는 것 때문에 무척 힘들어 합니다.

어느 경우를 막론하고 가정에서 함께 기도하는

것은 정말 소중한 경험이며 쉽사리 몸에 익힐 수 있는 것이기 때문에 배워서 실천에 옮기도록 한다면 현재의 황당한 기록도 쉽사리 바뀌게 될 것입니다. 제가 알기로는 가정에서 함께 기도하는 것을 금하도록 가르치는 그런 교회는 없을 것입니다. 실상은 오히려 그 반대일 것입니다. 이런 것을 볼 때 실제 기도하는 수가 그처럼 저조한 것은 이해하기 힘든 현상입니다. 공식적인 교회 예배에 너무 치중한 나머지 가정에서 해야 할 것들을 교인들에게 가르치기를 소홀히 하는 사제나 목사들의 개인적 문제가 아니라면 말입니다.

제가 주로 하는 일이 평범한 그리스도인들을 통해 하나님이 놀라운 치유를 일으키신다는 것을 깨닫게 하는 일이기 때문에 치유를 위해 어떻게 기도해야 할지 보여주는 짧고 간단한 책들을 오래 전부터 친구들에게 주고 싶었습니다.[2] 그러기 위한 가장 간

---

[2] 병자들을 위한 기도에 관한 건전하고 간단한 책을 찾고 있는 친구들에게 바바라 쉴레몬의 『치유 기도』(*Healing Prayer*, Ave Maria Press)와 아그네스 샌포드가 쓴 『치료하는 광선』(*Healing Light*, Logos

편한 답은 제 자신이 직접 그런 책을 쓰는 것이었습니다. 그리고 지금 여러분의 손에 있는 책이 바로 그것입니다.

　수년 동안 많은 결혼한 부부들이 제게 기도를 부탁했습니다. 예를 들자면 남편이 암에 시달리는 아내를 데리고 왔습니다. 우리가 그의 아내를 위해 기도해 주고 있는 동안 남편은 자신이 직접 아내를 위해 기도할 수준이 못되는 사람이라고 여기는지 방의 구석에서 서성이고 있습니다. 그러면 저희들은 그를 격려해서 우리 기도에 동참하자고 합니다. 대부분의 경우 가정에서 남편이나 아내가 몸이 아픈 배우자나 아이들을 위해 가족끼리 모여 기도해 주지 않습니다. 평범한 그리스도인들이 서로를 위해 기도해 줄 줄 알게 된다면 암이나 관절염, 심장병들이 얼마나 많이 나을런지 누가 압니까?

　구석에 서있는 남편과 아내들을 그들의 배우자에게로 이끌어내어 수없이 이야기해 줍니다. "당신도

　International)이라는 책을 나눠 준 적이 있습니다.

할 수 있어요. 예수님은 당신을 사용하셔서 당신의 배우자를 축복하며 고치기를 원하십니다." 이처럼 훌륭하고 사랑이 풍성한 그리스도인들조차도 그들의 기도가 정말 큰일을 한다는 단순한 확신을 가지고 기도해 주는 일에 익숙지 못합니다.

제가 1981년도에 이 책을 쓴 후 세월이 많이 흘렀다는 것이 믿기지 않는군요. 그 후 24년 동안 무려 154,000부 이상 팔렸습니다. 하지만 제게 가장 만족스러운 일은 사람들이 이 책을 읽을 뿐 아니라 용기를 얻어 그것을 실천에 옮긴다는 것입니다. 가족과 친구들의 치유를 위해 기도한다는 말입니다. 이제 그들은 알고 있습니다. 그것이 진실이며 실제 일어나며 효험이 있다는 것을 말입니다! 최근에 온 편지를 소개합니다.

『치유하는 기도』라는 책을 읽는 동안 하나님께서 제 속에서 마음을 치유하기 시작하셨습니다. 전능하신 하나님의 치유의 권능이 저를 감싸는 동안 마지막 장까지 저는 눈물에 잠겨 있었습니다. 과거의 아픔들이 빛 가운데 드러나며 성령님의 치유의 능력이 그것들을 거두어 주셨어요. 이제 저는 그 오랫동안 시달리던 상처들로부터 완전한 자유를 누리고 있습니다.

만약 이러한 체험이 단 한 차례밖에 없다 하더라도 저는 이 책을 쓰기 위해 필요했던 모든 시간들을 소중히게 생각했을 것입니다. 그러나 그것은 여러분과 여러분의 가족들 그리고 친구들에게도 일어날 것입니다. 저는 이 치유하는 기도로 여러분들을 초청합니다. 기도해 보십시오. 당신이 직접 알게 될 것입니다.

2004년 10월 28일
플로리다 잭슨빌에서
프란시스 S. 맥너트

 **역자 서문**

　제가 처음 저자를 알게 된 것은 1980년도 말이었습니다. 아주사퍼시픽대학(Azusa Pacific University)의 캐롤린 쿤스(Carolyn Koons) 교수의 자서전 『배신의 벽을 넘어서』(*Beyond Betrayal*)를 읽던 중, 쿤스 교수가 자신의 삶을 송두리째 압도하고 있던 마음의 상처와 고통의 치유에 도움을 주었던 책으로 소개하면서 알게 되었습니다. 그리고 치유에 관한 저자의 메시지들이 쿤스 교수의 삶을 통해 생생하게 실체화됨을 보면서 제 자신도 주께서 흘리신 보혈의 효험에 대해 더 깊이 묵상하는 계기가 되었습니다.

　이 소책자 『치유하는 기도』(*Prayer That Heals*)는 저자의 첫 저서 『치유』(*Healing*)에 이어 평신도를 위한 그 요약본이라 하겠습니다. 그리고 그리스도인들에게 하나님의 치유의 선물을 소개하는 아마도 가장 단순하고 실천적인 책의 하나라고 생각합니다.

하나님이 당신의 자녀들에게 주신 이 치유를 비롯한 모든 선물들을 우리는 먼저 우리 자신의 거룩을 찾아보며 나같이 부정한 신자가 이러한 권능을 행할 수 있을까 생각하게 됩니다. 이 주님의 선물을 자신의 더러운 옷과 같은 의의 측도에 따라 받을 수 있을지 없을지를 가늠하는 황당한 교만과 어리석음에 빠질 때가 혹시 있지는 않습니까? "창 끝에서"(At the End of the Spear)라는 영화로도 우리에게 살 알려진 선교사 짐 엘리엇(Jim Elliott)은 "우리에게 은혜로 거저 주어진 것이 아닌 것은 하나님께로부터 온 것이 아니다"라는 말을 남겼습니다.

치유의 선물 역시 마찬가지일 것입니다. 십자가에서 이루신 주님의 공로와 은혜로 주어진 그 전가된 의가 아니면 우리는 하나님께로부터 오는 어떤 선물도 결코 받을 자격이 없을 것입니다. 저자 자신도 이 치유의 선물을 단순한 믿음으로 받아들였으며 독자들에게 이 선물을 누릴 것을 격려하고 있습니다.

예수께서 성전의 장사꾼들을 쫓아내시고 정화하신 후 병자들을 고치시고 아이들의 찬양을 받으신 일을 기억합니다(마 21:12-17). 성전 된 우리 자신도 끊임없는 회개를 통해 보혈 안에 거한다면 주님의 임재가 우리 육체를 통해 남들에게 축복으로 전달되며 병자들을 고치시는 역사 또한 일어나리라 믿습니다. 왜 초대교회 때 일상이었던 이 성령님의 역사가 오늘날 교회에서는 희귀한 일이 되어버렸는지 한번 절박하게 고민해 보아야 할 때가 아닌가 싶습니다.

하지만 그곳 그 나라에서는 보좌에 앉으신 이가 친히 장막이 되셔서 우리를 모든 눈물과 고통과 상함으로부터 자유케 하실 것입니다. 이 천국의 도래가 그의 몸된 교회를 통하여 이 땅에 지금 이 시간 증거되기를 소망해 봅니다. 이 소책자를 통해 저자가 나누고자 하는 메시지가 천국의 영광을 엿보는 데 조금이나마 도움이 되기를 바랍니다.

이 소책자의 번역을 위해 격려해 주신 신남숙, 서리나 님과 원고를 정리해 주신 김형랑 님께 감사드립니다. 또한 저를 위해 기도해 주시는 정인우 님께 감사와 사랑을 드립니다. 특별히 바쁘신 가운데서도 부족한 저의 원고를 검토해 주시고 추천사를 써 주신 고신대학교 황대우 교수님께 진심으로 감사드립니다. 끝으로 제 졸고를 책이 되게 해 주신 CLC(기독교문서선교회) 가족들의 인내와 노고에 감사드리고 싶습니다.

부산 구덕산 기슭 캠퍼스에서
정 갑 중

차례

추천사 (황대우 박사, 고신대 교회사 교수) _ 5

들어가는 말 _ 11

역자 서문 _ 21

1장　하나님은 오늘날에도 여전히 치유하신다 _ 29

2장　당신을 통하여 _ 41

3장　사람들에게 기도해 주라 _ 59

4장　안수 _ 69

5장　당신 스스로의 말로 기도하라 _ 81

6장　시간이 걸린다 _ 93

7장　용서 _ 105

8장　치유를 가져오는 믿음 _ 125

9장　치유하는 사랑 _ 137

10장　내적 치유 _ 147

맺는 말 _ 169

치유하는

가족의
회복을
위해 –
기도하라

기도

The Prayer That Heals

Praying for Healing in the Family

치유하는 기도

가족의 회복을 위해 기도하라

The
Prayer
That
Heals

Praying

for

Healing

in the

Family

1장
하나님은 오늘날에도 여전히 치유하신다

The
Prayer
That
Heals

하나님께서 여러분을 통하여 그리고 여러분을 위하여 하시고자 하는 일은 너무 놀라워서 쉽게 믿기 힘들 것입니다. 하나님은 여러분과 같은 평범한 사람들이 가정에서 서로 축복하며 치유하기를 원하십니다. 여러분이 남들에게 기도해 주기를 시작할 때 여러분과 여러분의 사랑하는 사람들에게 놀라운 일들이 벌어질 것입니다.

저는 오늘날 많은 그리스도인들이 한번도 배우지 못한 그런 진리를 믿도록 격려하고자 합니다. 즉, 예수께서는 바로 여러분의 기도를 통하여 자기 백성들을 치유하신다는 것입니다.

만약 여러분의 병든 친구들을 위해 기도하는 일에 격려가 필요하다면 예수님 자신의 예를 한번 보십시오. 복음서에서 주님은 이곳저곳 병자들을 만나 손을 얹고 치유하시는 일에 많은 시간을 보내시는 모습을 볼 수 있을 것입니다. 주님은 사람들을 측은히 여기셨습니다. 피곤하여 무리를 떠나 제자들과 함께 따로 있고자 하는 시간에도 말입니다.

> 무리가 알고 따라왔거늘 예수께서 저희를 영접하사 하나님 나라의 일을 이야기 하시며 병 고칠 자들을 고치시더라(눅 9:11).

한마디로 주님은 무리들로 인해 지쳐서 떠나 계시고자 했지만 그들을 볼 때 그들의 질고에 마음이 무너졌던 것입니다. 그래서 지친 가운데서도 그들과 이야기하시며 그들을 고치셨습니다. 고통당하는 자들 특히 가난한 자들 가운데 가서 그들을 치유하시는 것은 주님 사역의 중심을 차지한다는 것을 잘 알고 계셨던 것입니다. 손가락을 귀머거리의 귀에 넣고 "열려라"라고 하신 일, 그리고 진흙을 이겨서 소경의 눈에 바르고 연못에 가서 씻으라고 말씀하시는 장면이나 아니면 그저 "네 믿음이 너를 구원하였느니라"(막 10:52)라고 하신 말씀을 우리가 얼마나 자주 읽었습니까. 말싸움을 좋아하는 종교 지도자들(서기관과 바리새인들)은 병 낫기를 위해 손을 내미는 무리들 속에 둘러싸인 예수를 만나기 위해 큰 도시 예루살렘을 떠나 산 위의 무리들을 찾아다녀야 했습니다.

> 그의 소문이 온 수리아에 퍼진지라. 사람들이 모든 앓는 자, 곧 각색 병에 고통에 걸린 자, 귀신 들린 자, 간질하는 자, 중풍병자를 데려오니 저희를 고치시더라(마 4:24).

예수께서 얼마나 많은 시간 사람들에게 기도해 주셨는지를 생각해 보면 거기에는 그만한 이유가 있을 것입니다. 이유는 간단합니다. 예수께서 오신 것은 우리의 타락하고 상처 입은 본성을 구원하시고 모든 영역에서 우리를 자유케 하시기 위함이었습니다. 주님의 아버지, 우리의 아버지께서는 우리가 어떠한 죄에서, 어떠한 질병과 고통 속에서 얼마나 비참한 상태에 있는지 아셨습니다. 그리고 우리를 긍휼히 여기셔서 자신의 독생자 예수를 보내셨습니다. 그분은 모든 면에서(죄를 제외한) 우리와 같이 되셨고 우리를 아시고 또 우리 고통을 아셨습니다. 왜냐하면 주님은 친히 그것을 체휼하셨기 때문입니다.

하지만 우리와 크게 다른 점이 하나 있습니다. 그분은 하나님의 아들이셨기에 그것들을 고칠 권능을 갖고 계셨습니다. 주님은 죄를 용서하시며 질병을 고치실 수 있었습니다.

> 온 무리가 예수를 만지려고 힘쓰니 이는 능력이 예수께로 나서 모든 사람을 낫게 함이러라 (눅 6:19).

병자들이 그에게로 나아올 때마다 주님은 그들에

게 일일이 다가가셨고 질병은 떠나갔습니다. 우리를 구원하시고, 또 우리가 처해 있는 비참한 상태에서 우리를 구하시는 것이 그분의 사명이기 때문에 이 모든 일을 하셨습니다. 이를 위해 바로 그가 오신 것입니다. 세례 요한이 그를 따르는 자들을 예수께 보내어 그가 메시야인지 물었을 때 예수께서는 그저 사람들을 구하시는 그의 사역을 보여주셨습니다.

> 너희가 가서 보고 들은 것을 요한에게 고하되 소경이 보며 앉은뱅이가 걸으며 문둥이가 깨끗함을 받으며 귀머거리가 들으며 죽은 자가 살아나며 가난한 자에게 복음이 전파된다 하라. 누구든지 나를 인하여 실족하지 아니하는 자는 복이 있도다(눅 7:22, 23).

예수께서는 자랑하거나 자신의 신성을 입증하려고 하신 것이 아니라 단지 그의 일, 곧 인간의 구원자로서의 사역을 수행하셨던 것입니다. 그분은 사람들을 사랑하셨습니다. 그는 우리를 자신의 형제

자매로 보셨고 우리가 상처 입고 고통당하는 것을 방관하실 수 없었던 것입니다. 우리가 사랑하는 사람들이 까닭 없이 고통당할 때 그들을 위해 우리가 할 수 있는 게 있다면 가만히 서서 보고만 있을 수 없는 것처럼 말입니다. 오히려 그분은 더하셨던 것입니다.

그분은 복음을 선포하셨습니다. "천국이 가까이 왔느니라"(마 4:17). 곧 생명과 건강, 그리고 행복을 말입니다. 사탄의 왕국은 이세 무너지고 있습니다. 사망과 질병, 그리고 증오의 영역인 것입니다.

주님께서 사람들을 얼마나 사랑하셨는지 아시겠습니까? 병자들을 얼마나 측은히 여기셨는지요? 무리들 속을 다니시면서 당시에는 문둥병자들을 접하는 것이 율법에 금지된 일이었지만 냄새나는 문둥병자의 환부를 만지시면서 얼마나 많은 시간을 보내셨는지요? 주님은 정말로 우리를 사랑하셨습니다. 심지어 그분은 종교 지도자들의 지탄을 받을 것을 아시면서도 안식일에도 십팔 년 동안 구부러진 여인을 바로 고치셨습니다(눅 13:10-17).

하루 정도 더 참지 못할 것도 아니었지만 그분은 단 하루만이라도 더 그녀가 고통 당하는 것을 외면할 수 없으셨던 것입니다.

매일 냄새나는 군중들 속을 다니시면서 병자들을 만지시며 고치시는 것이 이천년 전 그분의 일상의 삶이었다면 이제 오늘날에는 주님께서 덜하시리라 여러분은 생각하십니까? 최후의 만찬 때 주님은 제자들에게 말씀하셨습니다. 그분이 떠나시는 것이 그들에게 더 낫다고 말입니다. 죽임을 당하시고 죽은 자 가운데서 부활하신 후에는 성령을 보내셔서 그들에게 능력을 입히시면 주님이 하셨던 일들을 그들도 할 수 있기 때문이었습니다(요 14:12). 아니 그보다 더 큰일도 할 수 있다고 말입니다.

주님은 우리 안에 계속 내주하셔서 성령의 능력으로 그가 처음부터 하셨던 치유를 21 세기에도 계속 하고 계십니다. 갈릴리의 작렬하는 태양 아래 예수께서 무리들 속을 날마다 다니시면서 일일이 사람들을 고치시는 것이 주님께는 일상의 사역이었던 것처럼 오늘날도 그분은 병자들을 특별히 치료하시기를 원하고 계시지만 이것을 쉽게 믿지 못하는 그리스도인들도 있지 않습니까.

여러분은 이 사실을 예수님의 생애와 말씀, 특히 누가복음을 통하여 이미 알고 있을 것입니다. 하지만 여러분의 친구나 가족의 누군가를 치료해 주시도록 예수님께 기도하며 구한다면 여러분 스스로도 이 사실을 직접 깨닫게 될 것입니다.

지난 육주 동안 저는 정상인들보다 발의 크기가 작고 절름거리는 다섯 사람이 정상인의 발 크기로 자라는 것을 본 적이 있습니다. 그 중 두 명은 소아마비로 인해 다리를 절었습니다. 한 여자는 우리가 기도했을 때 발의 크기가 4 사이즈(약 210cm)에서 7 사이즈(약 240cm)로 자라났습니다. 제가 이 말을 하는 것은 이것이 결코 정신신체 현상(psychosomatic: 심리적 요인이 신체적으로 나타나는 현상-역주)이 아니라는 것입니다. 이러한 변화가 일어나기 위해서는 실제로 뼈가 자라야만 하는 것입니다. 한 환자에서는 십분 만에 자라났으며 다른 경우는 두 시간이 걸렸습니다.

하지만 얼마나 놀라운 일입니까. 우리 눈앞에서 하나님의 치유의 능력이 나타나는 것을 볼 수 있으니 말입니다! 이전에는 저도 예수께서 제 기도에 응답하기를 원하실 거라는 큰 믿음이 없었지만 이제는 수없이 보았기 때문에 믿지 않는 것이 오히려 제게는 더 힘든 일입니다.

여러분이 사람들에게 기도해 주고자 할 때 먼저 첫 단계는 예수님은 오늘날에도 여전히 그의 백성들을 고치시기 위해 일하고 계심을 믿는 일입니다. 제가 이 책에서 제시하는 몇 가지 간단한 것들을 한번 실천해 보시면 이 사실의 놀라운 증거들을 여러분들은 보실 수 있을 것입니다.

인지하십시오. 예수님은 당신을 사랑하시며 당신을 고치기를 원하시며 또 그러한 능력을 가진 분이라는 사실을 말입니다. 이 사실을 믿으십시오. 그리면 여러분은 그것을 체험하게 될 것입니다. 마침내 아무도 흔들 수 없는 확신을 가지고 그것을 깨닫게 될 것입니다. 예수님은 당신을 사랑하시며 자기의 사랑스런 백성을 치유하시기를 원하고 계십니다.

치유하는

가족의
회복을
위해 -
기도하라

기도

The Prayer That Heals

Praying for Healing in the Family

치유하는 기도

가족의 회복을 위해 기도하라

The Prayer That Heals

Praying for Healing in the Family

2장 당신을 통하여

The Prayer That Heals

하나님께서는 기도를 통하여 지금도 사람들을 기이한 방법으로 치유하기를 원하신다는 것을 믿는 일은 제게 그리 어려운 일이 아닙니다. 제 믿음을 고무하기 위해 저는 한 때 성인들의 삶과 하나님의 놀라운 역사에 관한 이야기들을 탐독하곤 했습니다. 우리 시대에도 하나님이 여전히 일하고 계심에 관해 들을 때마다 저의 믿음도 힘을 얻었지요.

제가 아주 흥미롭게 읽었던 책은 알렉시스 캐럴 박사(Dr. Alexis Carrel: 혈관 봉합과 이식외과의 토대를 이루어 의사로서 최초의 노벨상을 받았음-역주)가 쓴 『루르드 여행』(*Voyage to Lourdes*)입니다. 캐럴 박사는 의심이 많은 의사의 한 사람으로서 병자들로 가득 찬 열차에 몸을 싣고 함께 루르드를 향했습니다. 그는 병자들에게 비현실적인 희망을 키우고 있는 교회의 잔인성에 관한 증거들을 수집하고자 했던 것입니다. 객차마다 환자들로 북적였으며 낫고자 하는 허황된 기대감으로 흔들거리는 열차 속에서 시달리고 있었습니다(그 당시는 1900년도 초반이었지요).

그가 붐비는 열차에 올랐을 때 복막 결핵으로 죽어가는 한 여인이 모르핀을 주사해 달라고 애원했습니다. 그녀가 죽을 것이라고 판단했기 때문에 캐럴 박사에게는 그녀야말로 루르드까지 실려 가는 고통을 겪어서는 안될 그런 힘겨운 환자로 보였던 것입니다.

루르드는 환자들에게 희망이 아니라 오히려 잔인함과 미신으로 그에게 비쳤던 것이지요. 하지만 이 결핵 환자는 가까스로 여행을 견뎌냈으며 의료진들의 진찰을 받은 후 병인들을 위한 축복을 받기 위해 실려 나갔습니다. 캐럴 박사는 모르핀으로 그녀의 통증을 달래며 또 그곳 루르드에서 그녀의 죽음을 목격하게 될 것이라 기대하며 그녀 가까이에 자리하고 있었습니다. 그 후엔 파리 학술지에 게제하여 루르드에서 그가 목격한 거짓에 대해 폭로하고자 했던 것입니다.

하지만 정말 믿지 못할 일이 벌어졌습니다. 병자들을 위한 축복 집회에서 그녀의 팽만했던 복부가 그 자리에서 납작하게 꺼진 것을 목격한 것입니다. 그녀의 맥박과 체온을 점검해 보았지만 모두 정상이었습니다. 그 후 그곳 의료진들이 그녀를 진찰한 결과 어떠한 질환의 흔적도 찾을 수 없었던 것입니다. 캐럴 박사는 자신이 본 것을 정직하게 기술했습니다. 자신이 애초에 의도했던 것과는 정반대였지만 말입니다.

하지만 자신의 동료의사들이 자신을 어떻게 생각할까 하는 노파심 때문에 그 책자의 서명을 레락 박사(Dr. Lerrac: Carrel을 거꾸로 쓴 것)라고 한 것입니다. 친구들 외엔 자신이 썼다는 것을 눈치 채지 못하게 하기 위해서 말입니다.

저는 한때 제 믿음을 고무하기 위하여 이러한 책들을 탐독하곤 했습니다. 문제는 그러한 광경을 제 자신이 한번도 직접 본 적이 없다는 것입니다. 그러한 일들은 언제나 프랑스와 같은 먼 지역에서나 벌어지는 일로 생각했지요.

가톨릭이나 정교회, 개신교의 많은 그리스도인들과 마찬가지로 저 역시 예수께서는 그러한 놀라운 일들을 저를 통하여 하신다고는 기대하지 않았습니다. 누군가 서툭한 사람이 기도하면 어쩌면 병인이 나을 수도 있겠지만 저같은 사람이 기도해서 뭔가 대단한 일이 일어날 것이라고 기대할 만한 자격이 없다고 말입니다. 치유에 대해 믿긴 했지만 저를 통해 이루어지지는 않을 것이라고 말입니다. "주님, 저는 그럴 만한 인물이 못됩니다."

이러한 생각이 여러분들에게도 마찬가지가 아닌가요? 만약 여러분의 남편이 병들었다면 하나님께서 당신의 기도를 통하여 그를 고치신다고 믿습니까? 만약 여러분의 딸이 아프다면 그녀에게 여러분이 안수하여 건강하게 회복되는 것을 보리라는 확신이 조금이라도 있나요?

하나님은 여러분의 말과 안수를 통하여 여러분이 사랑하는 사람들을 치유하기를 원하십니다. 이것도 복음의 한 부분입니다. 비록 여러분 자신이 그럴 만한 가치가 있다거나 거룩하다고 느껴지지 않는다 하더라도 예수께서는 여러분의 가족과 공동체 속에서 필요한 자들을 위해 기도하는 일에 여러분을 사용하기를 원하고 계십니다.

신약성경 전반에 걸쳐 예수께서는 따르는 자들과 함께 자신의 능력을 공유하고자 하심을 볼 수 있습니다. 예수께서 무리를 보시고 그들이 목자 없는 양과 같음을 아시고 불쌍히 여기셨습니다(마 8:36-39). 그리고 추수할 주인에게 추수할 일꾼들을 보내어 달라고 기도하셨습니다. 그가 하나님의 아들이셨지만 홀로 일하기를 원치 않으셨던 것이지요. 도움을 구하셨습니다. 병 고침도 그의 사역의 일부였기 때문에 그 치유의 권능을 사람들과 함께 나누셨습니다. 주님은 그것을 자신 속에 묻어두지 않으신 것입니다. 제자들에게 말씀하십니다.

> 병든 자를 고치며 죽은 자를 살리며 문둥이를
> 깨끗하게 하며 귀신을 쫓아내되…(마 10:8).

나중에는 열 두 명으로 각 도시와 동네를 다니기에 부족하여 주님은 다른 사람들도 택하여 같은 권능을 나누어 주셨습니다(눅 10:1-12). 우리가 알다시피 그 열 둘은 사도들로서 교회의 토대가 되며 감독들의 전신으로 다가올 미래의 지도자들로 특별히 선택받은 사람들이었지만, 칠십이 명은 단지 임무를 위해 지명된 사람들로서 나중에는 시야에서 사라지게 됩니다. 마치 막중한 역할을 짊어진 모세를 돕게 하기 위해 세운 칠십이 인의 장로들을 떠올리게 하는 인물들입니다(민 11:11이하). 이 이름 없는 칠십이인은 우리와 같은 평범한 사람들을 뜻한다고도 볼 수 있습니다.

후에 오순절 날 성령께서 모든 신자들에게 강림하셨을 때 온 믿음의 공동체에 능력을 부어주셔서 예수께서 하신 사역들을 감당하게 하셨습니다.

믿는 자에게는 이러한 표적이 따르리니…
병든 사람에게 손을 얹은즉 나으리라.
(막 16:17, 18)

이제 일이 어떻게 진행되어 왔는지 분명하게 아시겠습니까?

① 예수께서 아버지로부터 보내심을 받아 권능을 입고 오셔서 그의 백성들을 자유케 하며 고치셨습니다. 그분만이 우리의 구주십니다.
② 주님은 자신의 사명과 능력을 열 두 명과 함께 나누셨습니다.
③ 사람들의 핍절함이 너무 심하여 주님은 자신의 사명과 능력을 칠십 이인과 함께 나누셨습니다.
④ 오순절 날 주님은 그 사명과 성령의 능력을 모든 사람들과 함께 공유하셨습니다(지도권과 권위는 베드로와 열둘에게 남겨두셨지만). 이

공유하심은 오는 모든 세대를 다 포함하고 있습니다.

여기에 여러분들도 포함됩니다. 지금 이 책을 읽고 있는 당신도 사람들을 위해 기도하며 병든 자를 고치도록 예수께로부터 능력을 입은 것입니다. 중요한 조건은 먼저 여러분이 신자여야 한다는 것입니다. 물론 스스로의 믿음을 확정하거나 성령 세례[1]를 통하여 성령의 능력을 입어야 한다는 것 역시 중요하겠지만 말입니다. 여러분이 시작하신다면 여러분의 가족이나 친구들 아니 더 넓은 영역을 위해 기도할 때 하나님께서는 여러분을 지금이라도 바로 사용하실 것입니다.

예수께서는 여러분의 연약함에도 불구하고 당신

---

[1] 믿음의 확정과 성령 세례와의 관련성에 대해서는 많은 논쟁이 있지만 여기서는 더 깊이 다룰 필요가 없을 것 같습니다. 하나님께서 확정 단계가 아니지만 세례 받은 어린 아이의 기도를 통하여 부모들을 고쳐주신 일을 제 자신이 잘 알고 있습니다. 하지만 성령 세례를 받음으로 돌보고 치유하는 사역에 능력이 더해질 것이라고 생각됩니다.

의 기도를 필요로 하고 계심을 아는 것이 정말로 중요한 일입니다. 병자들을 위해 기도하려고 할 때 체면을 차리거나 뭔가 특별한 사람으로 꾸며서는 안 될 것입니다. 정상적인 신자들과 같이 행동하시면 됩니다.

제가 제일 처음 사람들에게 기도해 줄 때 저 역시 가장 문제가 되었던 것이 영적인 열등감이었습니다. 마치 연기를 하는 것처럼 느껴졌습니다. 특히 제가 가까이 교제하는 사람들 중에는 아무도 남들에게 기도해 주는 일이 없었기 때문입니다. 사람들에게 우스꽝스럽게 보이거나 지나치게 경건한 사람으로 치부될까봐 많이 염려했던 것입니다. 아마 여러분들도 마찬가지일 것입니다. 하지만 유별나게 보이지는 않나 하는 두려움을 극복해야 합니다. 심지어는 부부 사이에서도 서로를 위해 기도해 주는 일을 주저하는 모습도 볼 수 있습니다.

이러한 두려움들이 예수께서 그의 길을 걷는 모든 자들에게 나누어주신 것들을 앗아갑니다. 대부분의 믿음의 부모들이 자녀들에게 기도해 주지 못하는 이유가 이것 외에 달리 있을까요?

하지만 여러분들이 마침내 용기를 내어 기도하게 되면, 오직 하나님의 말씀에 순종한다는 한가지 이유만으로 예수께서 당신의 기도를 들으신다는 것을 참으로 깨닫게 될 것입니다. 그리고 결코 돌이키지 않을 것입니다. 만약 여러분들이 지금까지 한번도 이렇게 누군가에게 기도해 준 적이 없었다면 제가 여기서 말하고 있는 것에 거부감을 느끼실 것입니다. 그러나 일단 여러분들이 몇 번 기도해 보면 예수께서 얼마나 놀랍게 응답해 주시는지 알게 될 것이며 그 동안 친구들을 위해 기도해 주지 못한 지난 긴 시간들을 후회하게 될 것입니다. 자신의 기도가 놀랍게 응답된 것들을 체험하고 돌아와 기뻐하는 칠십이 명처럼 말입니다.

> 가로되 "주여, 주의 이름으로 귀신들도 우리에게 항복하더이다"(눅 10:17).

여러분이 자신을 아무리 연약한 신자로 생각하든

유창한 기도를 할 줄 모른다고 하든 상관이 없습니다. 하나님은 소자들의 기도를 들으십니다.

> 우리가 이 보배를 질그릇에 가졌으니 이는 능력의 심히 큰 것이 하나님께 있고 우리에게 있지 아니함을 알게 하려 함이라(고후 4:7).

우리는 누구나 다 부족합니다. 중요한 것은 예수께서 믿음을 가지라고 하신 것입니다. "구하라, 그리하면 받을 것이요."(요 16:24) 하지만 진리를 깨닫는 것에서부터 실제로 사람들에게 기도해 주는 행동으로 옮기기까지는 적지 않게 어려운 일입니다. 여러분은 새로운 것을 시작하기가 두렵지 않습니까? 곧 움추려 듭니다. 어떻게 시작하시겠습니까?

제 경우는 그저 어느 날 단순한 방법으로 시작할 수밖에 없었습니다. 그냥 사람들에게 묻기 시작했습니다. "그것을 위해 제가 기도해 주기를 원하십니까?" 놀랍게도 대부분의 사람들은 "그렇게 해 달라"고 합니다. 의혹적인 사람들까지도 "네, 잃을 게 없잖아요. 만약 하나님이 일하신다면 한번 해 보세요"라고 말합니다. 저는 이처럼 간단하고 차분한 방법으로 사람들이 강요당한다고 느끼지 않도록 초청을 합니다. 제가 기도해 주는 것을 원치 않을 경우 "아니요"라고 쉽게 거절할 수 있도록 그들에게 물어봅니다. 하지만 거의 대부분 사람들은 "기도해 달라"고 합니다.

기도해 주기 위해 가장 가까운 사람들, 예를 들어 남편이나 아내에게 물어볼 때가 어찌면 가장 어려운 일이 될 수도 있습니다. 왜냐하면 그들이 거절하게 되면 고통스런 상처가 될 수도 있기 때문입니다. 하지만 그것도 그리스도인의 삶의 일부인 것입니다. 우리가 묻지 않는다면 결코 시작하지 못할 것입니다. 우리가 구함으로써 하나님께로부터 받는 것처럼 우리의 동료로부터 우리가 구할 때 받을 수 있는 것입니다.

상급은 엄청난 것입니다! 물론 기도의 응답이지만, 그것은 단지 기도에 응답받는 것 이상인 것입니다. 제가 남들을 위해 기도할 때 그리고 그들이 제

눈앞에서 곧바로 달라진 것을 목격할 때, 이전에 한 번도 느껴보지 못한 사람들을 향한 진실되며 소유욕이 없는 깊은 사랑을 저는 느끼게 됩니다. 그리고 제 자신이 무너져 저의 연약함을 친구들에게 고백하며 그들의 기도가 필요함을 인정할 때 저는 그 어느 때보다 저를 향한 그들의 사랑을 체험하게 됩니다.

한 날에 필요한 제 삶의 몫을 위해 제 아내와 함께 기도하지 않는 날들은 뭔가가 정말 상실된 것 같습니다. 그리고 고통스런 공허감을 체험하게 됩니다. 이것은 제가 배운 어떤 지식이 아니라 바로 실제인 것입니다. 때로 혼자만의 기도 시간이 필요한 만큼 저는 살기 위하여 가장 친근한 사람들의 기도가 필요합니다.

그것은 마치 사람들이 매일 아침 주님과의 교제를 통해 주님을 만나다가 어느 날 아침 그것을 빠트릴 때 느끼는 공허감 같은 그런 것입니다. 사랑하는 사람들과의 합심기도도 이러한 것입니다. 만약 여러분이 이 사실을 체험해 보지 못했다면 지금 무엇을 잃고 있는지 모를 것입니다. 예수께서도 이러한 기도를 필요로 했던 것 같습니다. 겟세마네 동산에서 홀로 고뇌 가운데 뒤척이시다가 가장 가까운 세 친구들을 돌이켜 보셨을 때 그들이 졸고 있는 모습을 보며 그가 느낀 실망감을 어떻게 달리 설명할 수 있겠습니까.

심지어는 치유 기도를 믿는 신자들의 모임에서도 그들 속에 저명한 치유사역자나 큰 치유집회에 매달리는 경향이 있는 것을 볼 때가 있습니다. 치유집회를 갖는 것은 정말 귀한 일입니다. 하지만 아픈 이들을 위해 가정에서 기도하는 것을 경시해서는 안 될 것입니다. 아주 최근에 저는 많은 사람들이 기도를 받은 치유 집회에 참석한 육백 명을 대상으로 집회 다음날 조사를 해볼 기회가 있었습니다.

육백 명 중 여섯 명이 완전히 나았다고 했으며 다른 스물 다섯 명은 호전되었다고 했습니다. 그들의 1%가 완치되었고 4%가 호전되었다는 것은 놀라운 일이었습니다. 하지만 나머지 75%의 사람들도 그들의 친구들끼리 무리 지어서 시간을 들여 기도했다면 그들이 완치되거나 호전되었으리라 저는 믿습니다. 언젠가 저는 매주 수요일 저녁마다 모여서 병자들의 치유를 위해 두 시간씩 기도하는 작은 모임에 나간 적이 있습니다. 우리가 기도하는 동안 매주 대부분의 환자들이 눈에 띌 정도로 좋아졌습니다.

우리가 기도할 때 완치되는 사람들도 가끔씩 있었지만 대부분의 경우 서서히 호전되었습니다. 마리안의 경우가 그렇습니다. 이 소녀는 세 살때 독감 예방 백신의 과다투여로 인해 몸을 올바로 움직일 수 없는 심한 발육 부진이 있는 아홉 살 난 소녀였습니다. 그 소녀는 다섯 차례 치유 모임에 왔었는데 그 중 세 차례 아이가 모임에서나 집에서 변화가 온 것을 그 부모가 발견했습니다. 마침내 아이는 예방 접종 후 처음으로 다리를 들고 첫걸음을 내디딜 수 있었습니다. 비록 연약한 걸음이긴 하지만 마리안은 아버지의 부축과 함께 한 걸음, 그것도 육 년 만의 첫걸음을 내디딘 것입니다.

그 아이가 첫 걸음을 디딜 때 사람들은 그 애를 둘러서서 환호했으며 그 부모들이 주님께서 그 딸에게 하시는 일들을 보며 희망이 되살아나는 모습에 우리는 정말 기뻐했습니다.

    이와 같은 일들이 여러분들에게도 일어날 수 있습니다. 여러분들을 자유케 하는 진리를 깨닫게 된다면 말입니다. 예수께서는 사람들을 축복하며 치유하시는 일에 여러분들의 기도를 사용하기를 원하십니다. 여러분이 특별한 사람일 필요는 없습니다. 그저 자신의 연약함과 믿음이 부족한 사람이라는 것을 인식하고 있는 평범한 신자이면 되는 것입니다.

    예수께시는 딩신을 통하어 치유하기를 원하십니다. 그리고 여러분이 기회만 드리면 그분은 기꺼이 그렇게 하실 것입니다.

치유하는 기도

가족의 회복을 위해 기도하라

The
Prayer
That
Heals

Praying

for

Healing

in the

Family

3장
사람들에게 기도해 주라

The
Prayer
That
Heals

여러분이 기도할 때 하나님이 정말로 응답하신다는 것을 일단 체험하게 되면 그 다음 단계는 사람들에게 어떻게 기도해 주어야 하는지 그리고 함께 있지 않을 때는 어떻게 그들을 위해 기도할 것인지 배우는 것입니다. 수년 동안 저는 사람들을 위해 혼자서 기도했습니다. 게시판에 한 사람의 이름이 올라가면 나중에 그를 위해 교회에서나 제 사무실에서 혼자서 기도를 하곤 했습니다.

이것도 기도하는 데 있어서 좋은 방법입니다. 저는 지금도 가끔씩 이렇게 기도합니다. 특히 누군가 기도를 부탁하는 편지를 보내올 때 말입니다. 예수께서도 백부장의 집까지 가는 수고를 하지 않고도 멀리서 그의 종을 치료하지 않았습니까.

하지만 여러분의 친구가 여러분 앞에서 기도를 부탁한다면 가장 자연스런 것은 바로 그 자리에서 즉시 기도해 주는 것입니다. 한 때 저는 누군가가 제게 기도를 부탁하면 "제가 기도할 때에 당신을 떠올리겠습니다"라고 약속했지만 한번도 일손을 멈추고 그에게 바로 기도해 주어야겠다고 생각해 본 적이 없었습니다. 아무도 제가 그들에게 기도해 주는 것을 직접 말린 적도 없었는데 이상하게도 그렇게 해야겠다는 생각을 못했던 것입니다.

제게는 교회에서의 공식 기도(public prayer)를 제외하고는 기도는 개인적인 일이었습니다. 누군가를 위해 자신의 말로 기도한다는 것이 당황스러운 일이었던 것이지요. 특히 제 말을 듣고 있는 사람에게 기도를 해 주기에는 하나님과 대화한다는 것이 너무나 개인적인 일이었던 것입니다.

제가 알기로는 신자들이 교회에서 자원해서 서

로 기도해 주는 것을 못하도록 가르치는 일이 없지만 이상하게도 주류를 이루는 교회 대부분의 신자들은 서로에게 그들 자신의 말로(정형화된 기도를 반복하는 대신) 기도해 주지 않습니다. 가정에서도 서로에게 기도해 주는 것을 어색하게 생각하는 것을 볼 때 이러한 일은 큰 손실이 아닐 수 없습니다. 사제들이나 목사들까지도 대체로(식사 기도를 제외하고는) 자신의 말로 서로에게 기도해 주지 않습니다.[1]

이처럼 기도를 꺼리는 데는 우리의 생각이나 감정이 서로에게 노출될 것이라는 두려움이 어느 정도 자리 잡고 있습니다. 1975년도에 로마에서 열린 신학자들의 집회 때를 저는 생생하게 기억하고 있습니다. 이 저명한 집회에서 킬리안 맥도넬 신부님은 은사 중심적 부흥이 많은 사람들에게 큰 도움이 되긴 하지만 지나치게 감정적이어서 개인적으로는 자신과 맞지 않는다고 한 때 생각했다고 털어놓았습니

---

[1] 제가 이 책을 썼던 1981년 이래로 함께 기도하는 일이 괄목할 만큼 많이 발전했으며 특히 복음적인 독립 교회에서 두드러집니다.

다. 하지만 실상 그것은 구차한 변명에 불과하다는 것을 깨달았다고 나중에 덧붙였습니다. 그가 힘들어 했던 진짜 이유는 그 부흥이 극히 개인적이라는 것이었습니다.

이러한 현상이 대부분 우리가 시작할 때 겪는 문제라고 저는 생각합니다. 우리 자신을 안으로 걸어 잠그고 형식적이며 남의 눈에 띄지 않는 그런 종교 생활을 선호하는 것입니다. 사람들이 있는 데서 소리내어 기도하는 것을 두려워하는 것이지요. 저 역시도 경건한 것처럼 보여 사람들의 조소를 받을까 두려워했습니다.

몇 차례 제 아버지께서도 자신의 건강을 위해 제가 기도해 주기를 원한다고 하셨지만 그의 임종이 가까워 병원 중환자실에 계실 때까지 저는 행동에 옮길 수 없었습니다. 생각만 해도 당혹스러워 얼굴이 달아올랐던 것입니다. 문제는 아버지 쪽이 아니었습니다. 그는 진실로 제가 기도해 드리기를 원하고 계셨던 것입니다.

이와 같이 우리는 이 영역에서 자유해야 합니다.

서로 자유로이 기도해 줄 수 있어야 합니다. 사람들로 가득 찬 방에서 제가 말씀을 전하게 되면 저는 그들에게 이제 말할 수 있습니다. 바로 그 자리에서 당장 두려움을 물리치고 서로를 위해 기도해 주도록 말입니다. 그리고 만약 당신이 혼자서 이 책을 읽고 있는 것이라면 어쩌다 기회가 주어질 때 가까이 있는 자에게 바로 기도해 주도록 전심으로 격려하고 싶습니다. 예를 들어 여러분의 아이가 아프다면 그 애에게 기도해 주십시오. 그리고 여러분의 남편이나 아내가 함께 기도하도록 초청하십시오.

주님은 멀리서도 고치실 수 있는데 구태여 여러분들이 그들에게 기도해 주는 것이 무슨 유익이 있냐구요? 저는 경험적으로 알고 있습니다. 거기에는 효능이 더 커질 것입니다. 왜냐하면 기도를 받는 사람들이 여러분의 기도 소리를 듣게 되면 그들의 믿음이 커지기 때문이 아닌가 싶습니다. 아마도 여러분의 손이 닿일 때 하나님의 능력이 그것을 통해 우리 몸이 느낄 수 있도록 흘러갈 수도 있을 것입니다. 또한 여러 사람이 사랑으로 하나 되어 함께 모여 기도할 때에 하나님의 특별한 임재하심이 있을 것입니다.

> 진실로 다시 너희에게 이르노니 너희 중에 두 사람이 땅에서 합심하여 무엇이든지 구하면 하늘에 계신 내 아버지께서 저희를 위하여 이루게 하시리라. 두 세 사람이 내 이름으로 모인 곳에는 나도 그들 중에 있느니라.
> (마 18:19, 20)

제가 목격한 바 즉석에서 바로 극적으로 치유되는 일은 대부분 큰 신자들의 모임에서 다 같이 하나님을 찬양할 때 일어났습니다. 하나님은 진실로 자기 백성들의 찬양 중에 거하십니다.

그래서 저도 누군가를 위해 기도할 때 가능하면 다른 사람들과 함께 기도하는 편을 택합니다. 제 두려움을 극복할 수 있을 뿐만 아니라 남들과 함께 기도함으로써 무슨 일이 일어나는지 또 어떻게 기도하는 것이 가장 좋은 것인지 서로 이야기 하는 가운데 알 수 있기 때문입니다.

   무엇보다도 우리가 서로에게 기도해 줄 때 예수님의 사랑 곧 그의 임재의 확실한 증거를 느낄 수가 있는 것입니다. 언젠가 저는 다음 날 뇌 수술을 받기 위해 병원에 가게 될 60세 된 가톨릭 수녀로부터 기도 요청을 받은 적이 있습니다. 그 당시 그녀가 속한 공동체에서는 모여서 질병의 치유를 위해 자발적으로 기도하는 것에 익숙지 않았지만 함께 모여서 제 기도에 동참했습니다. 우리 기도가 끝나자 그녀의 얼굴이 빛나면서 눈물을 흘리며 말했습니다. "저는 한번도 오늘 저녁처럼 우리 지체들의 사랑을 이렇게 깊이 느껴본 적이 없었어요."

   저는 여러분들이 사랑하는 사람들을 위해 기도해 줄 때 그 어느 때보다 깊이 예수님의 사랑과 치유의 능력을 깨닫게 되기를 기도합니다.

치유하는

가족의
회복을
위해 -
기도하라

기도

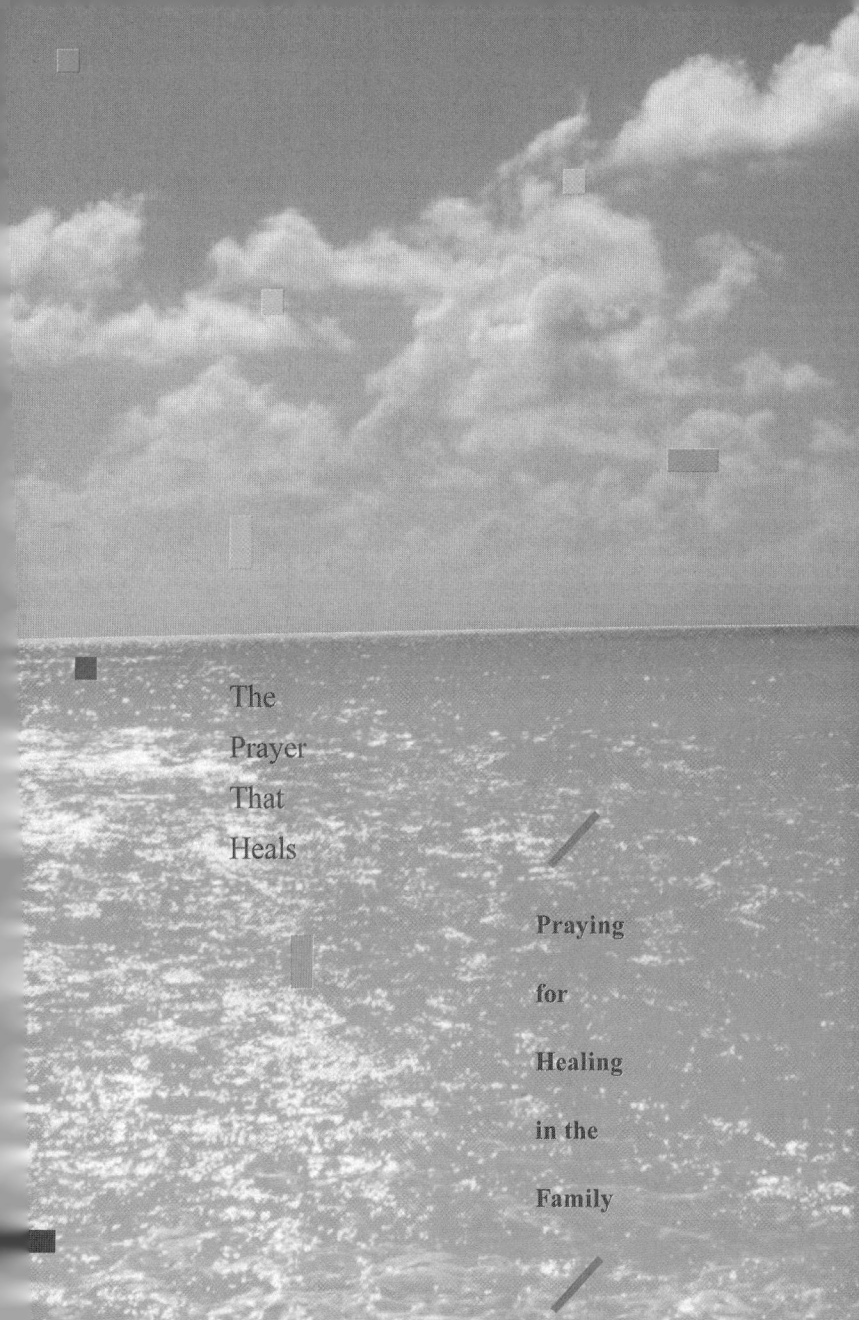

The Prayer That Heals

Praying for Healing in the Family

치유하는 기도

가족의 회복을 위해 기도하라

The
Prayer
That
Heals

Praying

for

Healing

in the

Family

4장

안수

The Prayer That Heals

일단 여러분들이 친구들을 위해 기도해 주는 것에 익숙하게 되면 복음서에서 왜 기도할 때 병자들에게 손을 얹는 것, 곧 안수를 강조하는지 깨닫게 될 것입니다.

> 믿는 자들에게는 이러한 표적이 따르리니…. 병든 자에게 손을 얹은즉 나으리라.
> (막 16:17, 18)

제가 마가였다면 그의 복음서 이 부분에 "손을 얹

은즉 나으리라"라고 쓰지 않고 "기도한즉 나으리라"라고 썼을 것입니다. 하지만 마가와 다른 제자들은 아무 말을 하지 않고도 그냥 사람들에게 손만 얹어도 치유의 능력이 있다는 것을 알았던 것입니다. 어머니들은 이 사실을 잘 보여줍니다. 우는 아기들을 꼭 껴안고 아픈 부위에 입 맞춰 주면 아기가 안정되며 달래진다는 것을 직관적으로 알고 있습니다.

여러분이 다른 사람들을 위해 기도해 줄 때 손을 얹으면 이것보다 더 깊은 영역에서 또 다른 일이 벌어지게 됩니다. 달래는 효과 뿐만 아니라 당신의 손에서부터 능력과 온유한 기운이 흘러나와 때로 치유를 도와줍니다. 예수님은 이것을 잘 알고 계셨습니다.

한번은 군중 속에 있을 때 혈우병을 앓는 여인 하나가 그의 옷자락에 손을 대기만 해도 그녀의 병이 나으리라는 마음을 갖고 있었습니다. 그래서 무리 속을 끼어들어가 주님께 닿았을 때 그녀의 혈루 근원이 그쳤던 것입니다. (그녀는 이 모든 행동을 몰래 했습니다. 왜냐면 율법에 의하면 이렇게 출혈이 있는 여인은 규례상 부정하기 때문입니다. 그녀는 예수께서 율법을 어

기고 자신을 만지지 않을 것이라고 염려했던 것이지요). 하지만 주님은 누군가 자신을 만진 것을 아시고 무리를 둘러보시며 말씀하셨습니다. "누가 내 옷자락을 만졌느냐?" 예수께서는 그 능력이 자기에게서 나간 것을 아셨습니다(막 5:25-34).

또 다른 곳에서 누가는 말합니다.

> 온 무리가 예수를 만지려고 힘쓰니 이는 능력이 예수께로 나서 모든 사람을 낫게 함이러라 (눅 6:19).

이렇게 생명을 주는 능력이 나오는 것은 오직 예수님 한 분만은 아닙니다. 그의 제자들도 마찬가지였습니다. 사람들이 병자들을 거리에 눕혀 놓고 베드로의 그림자라도 그 위에 지나가기를 바랬습니다(행 5:15). 어떤 이들은 바울이 만졌던 손수건을 가지고 와서 병자들을 고치며 악귀를 쫓아내는 데 사용한 것입니다(행 19:11, 12).

한마디로 초기 그리스도인들은 치유와 안수의 능

력에 대한 생생한 직관이 있었습니다. 여러분은 베드로나 바울 사도와 같은 그런 영적 수준이 아니어서 여러분의 손에 무슨 특별한 영적 능력이 있다고 여기는 것이 교만이라고 생각할지 모르겠습니다.

제가 사람들을 위해 기도하는 것보다 사람들에게 기도해 주기를 처음 시작했을 때 저 역시 그렇게 느꼈기 때문에 잘 알고 있습니다. 그렇지만 기억하십시오. 마가복음은 말합니다. 믿는 자들에게는 이런 표적이 따르리니-거룩한 사람들에게만이 아니라-저희가 병든 사람들에게 손을 얹은즉 나으리라고 말입니다(마 16:18).

여러분이 그리스도인이라면 여러분 속에 성부와 성자, 성령께서 거하신다는 것을 물론 잘 알고 있을 것입니다. 이것이 요한복음에서 예수께서 하신 마지막 강화로부터 근거한 그리스도인들의 전통적 신조입니다(요 14장-17장). 삼위일체 하나님의 생명이 여러분들 속에 계십니다. 여러분 속에 계신 이 하나님의 생명은(sanctifying grace, "성화의 은혜"라고 불리움) 선물이지 여러분의 공로로 주어진 것이 아닙니다. 여러분이 그 생명이 빛을 발하도록 하기만 하면 남들에게 효험을 줄 것입니다.

저는 매일같이 이 생명의 교제가 사람들 사이에 일어나는 것을 봅니다. 우리가 병인들에게 안수하면 그들은 거의 매번 뜨거움을 느낍니다. 이것은 흔히 피부의 표면에 닿이는 그런 열감이 아니라 어떤 장기든 아픈 곳까지 깊이 살피는 그런 따뜻함인 것입니다. (때로 정반대 현상이 일어나기도 합니다. 관절염으로 인해 후끈거리는 환자의 경우 무릎이나 손가락을 안수할 때 환자들이 시원함을 느끼기도 합니다).

더구나 저의 경우 다른 사람들에 비해 몸이 차가운 편입니다. 그래서 평소 제 피부의 온도는 기도 받는 사람들보다 차갑습니다(특히 환자가 열이 있을 땐 더 그렇습니다). 그래서 그것이 하나님의 능력이 역사하는 동안 환자의 몸이 반응할 때 생기는 열감일지도 모릅니다.

믿음의 눈으로 여러분들 속에 계신 하나님의 생명을 한번 느껴보도록 해 보십시오. 성부와 성자, 성령의 생명 말입니다. 그것은 실로 빛과 생명이시며 여러분 속에서 정말 강하시기에 여러분 주위의 모든 이들에게 빛과 생명을 비추게 될 것입니다. 만약 당신이 기독교의 일반적인 가르침인 하나님이 우리 안에 계신다는 것을 믿는다면 여러분의 안수를 통하여 질병이 낫는다는 것을 쉽게 알 수 있어야 하지 않겠습니까. 그것이 여러분을 성인들과 같은 특별한 그리스도인으로 만드는 것이 아닙니다. 그것이야말로 여러분이 평범한 신자라는 것을 뜻합니다. 단지 이 사실 자체가 특별한 것입니다!

사실상 저는 그저 쳐다보기만 해도 병이 나았던 몇몇 환자들을 알고 있습니다. 신자의 눈을 통하여 전달되는 예수의 임재를 그들은 체험한 것입니다. 그것은 그들을 치유하기에 충분했습니다. 이 사실도 마땅히 놀랄 일이 아닙니다. 우리가 환자들을 가까이 했을 때 질병이 전염될 수 있다면 생명의 원천이신 예수께 가까이 나아간다면 생명과 건강에 당연히 사로잡히지 않겠습니까?

이처럼 여러분이 누군가에게 기도해 준 적이 없거나 기도할 때 그들에게 손을 얹어본 적이 없다면 저는 여러분들이 한번 그렇게 해 보도록 격려하고 싶습니다. 만약 여러분의 아이가 아프다면 그에게 손을 얹는 것은 얼마든지 자연스러운 일이 아닙니까. 그것은 남편이나 아내, 친구를 위해 기도를 해 주는 것만큼 자연스러운 일인 것입니다. 일단 여러분이 처음 시작할 때 쑥스러움을 극복하기만 한다면 말입니다. 손을 잡아주거나 팔로 어깨를 감싸는 행위는 아주 자연스러운 일입니다. 만약 환자가 아프다면 가능하면 기도하는 동안 환부에 손을 부드럽게 얹으십시오.

여러분이 사람들에게 기도해 주기 시작할 때 여러분의 안수를 통해 치유가 일어남을 곧 알게 될 것입니다. 그리고 여러분은 한층 더 자신감을 갖게 되며 믿음 또한 강해질 것입니다.

예를 들어, 종양을 가진 환자를 위해 기도할 때 종양이 있는 부위에 손을 얹고 기도하면 그것이 서서히 사라짐을 보게 될 것입니다. 처음에는 여러분도 의심할 것입니다. 내가 지금 상상을 하고 있는 건 아닌가? 하지만 기도하는 가운데 놀랍게도 그것이 정말로 작아지는 것을 여러분은 보게 될 것입니다. 이런 경험을 한두 번 하게 되면 하나님께서 당신과 같은 평범한 사람들(단순한 신자)이 병자들에게 손을 얹어 치유되는 것을 원하신다는 것을 확신하게 됩니다.

제가 이 치유의 손길에 대해 나누고 싶은 놀라운 발견이 하나 있습니다. 그것은 임신한 아내와 아직 태어나지 않은 아기를 위해 남편(혹은 친구들)이 기도해 주는 아름다운 일에 관한 것입니다.[1] 때때로 아기는 기도를 받을 때 제일 처음 발길질을 합니다. 한 생명이 생명에게 반응하는 것이지요. 물론 엄마가 혼자 있을 경우 스스로 배 위에 손을 얹고 아이를 위해 기도할 수 있습니다. 실제로 배의 이쪽 편에 손을 얹다가 저쪽 편에 손을 옮기며 아이와 함께 엄마가 놀 수도 있습니다. 아기는 뱃속에서 천천히 움직여

---

1 주디스와 제가 함께 쓴 『태어나지 않은 아이를 위한 기도』(Praying for Your Unborn Child)란 책에 이 귀한 기도에 관한 기술에 있습니다. 이 책은 기독교치유사역원(Christian Healing Ministries, P.O. Box 9520, Jacksonville, FL 32208)에 있는 서점에서 구입할 수 있습니다.

등이 엄마의 사랑스런 손길 쪽을 향해 돌기도 합니다. 이렇게 태어나기 전에 기도를 해 준 아기들은 기도 받지 않고 먼저 태어난 아이들보다 더 행복해 하며 덜 울며 성격이 더 좋다고들 부모들은 말합니다.

마치 예수를 잉태한 마리아가 엘리사벳을 찾아왔을 때 복중에서 세례 요한이 반응한 것과 같은 경우이지요.

> 엘리사벳이 마리아의 문안함을 들으매 아이가 복중에서 뛰노는지라. 엘리사벳이 성령의 충만함을 입어(눅 1:41).

성경의 이 장면은 제게 툴사에서 임신한 한 여인을 위해 사람들이 기도해 주던 치유 세미나를 생각게 합니다. 바로 그 시간 아기가 복중에서 뛰노는 것을 느끼며 그녀 자신도 성령으로 충만케 되었습니다. 남편과 아내가 함께 아직 태어나지 않은 그들의 아기를 위해 기도해 주는 것보다 더 아름답고 자연스러운 광경이 또 있을까요!

The
Prayer
That
Heals

Praying
for
Healing
in the
Family

치유하는 기도

가족의 회복을 위해 기도하라

The
Prayer
That
Heals

Praying

for

Healing

in the

Family

5장

당신 스스로의 말로 기도하라

The Prayer That Heals

오랫동안 저는 제 스스로의 말로 기도를 구사하는 것을 주저했습니다. 아무도 제게 그렇게 한번 해보도록 말해주지도 않았습니다. 제가 하는 기도는 "하늘에 계신 우리 아버지"처럼 암기해서 하는 기도였습니다. 물론 어릴 때 외웠던 기도문을 어른이 되어서 사용하는 것도 좋은 일입니다. 하지만 여러 가지 특별한 필요에 꼭 맞는 특별한 기도가 필요한 때가 있습니다.

예수님과 그의 제자들은 상황에 맞는 기도를 자유로이 구사했습니다. 제가 알기로는 예수님이나 그의 제자들이 사람들에게 기도해 줄 때 한번도 같은 기도를 두 번 반복한 적이 없었습니다. 그들은 우리가 사람들과 서로 이야기 하는 것처럼 하나님과 단순히 이야기한 것입니다. 기도란 우리를 사랑하시는 하나님과 마음을 터놓고 하는 대화인 것입니다. 우리가 일상에서 친구들과 대화할 때 연설문을 작성하거나 했던 말을 반복하지는 않습니다.

"하늘에 계신 우리 아버지" 역시 초기 그리스도인 공동체에서는 난어 하나하나 암기하는 그런 것이 아니었던 것 같습니다. 마태와 누가복음이 꼭 같지 않는 것을 보면 말입니다. 우리가 암기하고 있는 것은 마태복음에 있는 것입니다(마 6:9-13). 누가복음에 나오는 것은 이보다 훨씬 더 짧습니다.

> 아버지여 이름이 거룩히 여김을 받으시오며 나라이 임하옵시며 우리에게 날마다 일용할 양식을 주옵시고 우리가 우리에게 죄 지은 모든 사람을 용서하오니 우리 죄도 사하여 주옵시고 우리를 시험에 들게 하지 마옵소서(눅 11:2-4).

누가는 당시 주기도문의 단어 하나하나 암기하는 것보다 주된 흐름에 더 큰 관심을 둔 것 같습니다.

사도들도 그들이 기도해 주는 사람들에게 맞는 기도를 자유로이 구사했던 것입니다. 예를 들면 베드로는 중풍병자에게 말합니다.

> 애니아야, 예수 그리스도께서 너를 낫게 하시니 일어나 네 자리를 정돈하라(행 9:34).

한편 성전 미문에 앉아있는 앉은뱅이에게는 "은과 금은 내게 없거니와 내게 있는 것으로 네게 주노니 곧 나사렛 예수 그리스도의 이름으로 걸어라!"(행 3:6)고 했습니다.

이것들 외에도 수도 없는 예들을 들 수 있습니다. 단지 중요한 점은 예수님의 제자들은 그들이 기도해 주는 사람들의 필요에 따라 자신들이 자유로이 기도를 구사했다는 것입니다. 반면에, 주류를 이루는 교회의 많은 신자들은 정형화된 기도를 암기하는 것에 익숙해져 있어서 공적인 모임에서 그들 각자의 믿음을 전유하기를 두려워합니다.[1] 아마도 경건하게 보이지는 않을까하는 두려움 때문인 것 같습니다. 아니면 교리를 중요시하는 교회 집단에서는 혹시 실수라도 하게 될까 하는 두려움에서 일 것입니다. 아무튼 많은 그리스도인들이 가끔 식사 기도를 제외하고는 개인적인 기도를 잘 하지 않습니다.

하지만 어떤 교회에서도 여러분 스스로의 기도를 금하는 곳은 없습니다. 그것은 아주 자연스러운 일이며 안타깝게도 우리의 두려움이 앗아가 버린 신앙의 유산인 것입니다. 여러분이 중심으로부터 스스로의 말로 기도하는 것은 가장 아름다운 일의 하나입니다. 저는 누군가가 스스로의 말로 기도하는 것

---

[1] 제가 알기로는 미국에서 대부분 주류를 이루는 개신교 교회에서는 교인들이 줄거나 현상 유지를 하고 있는 반면 개인의 신앙 표현을 장려하는 오순절교단 교회나 복음적인 교회에서는 교인 수가 빠르게 성장하고 있습니다. (로마 가톨릭 교회는 인구의 증가와 비례해서 그 수가 느리게 성장하고 있습니다). 예수 그리스도와의 인격적인 교제가 없는 곳에서는 그리스도인들이 남들과 자신의 신앙을 나누거나 기도해 주고자 하는 마음이 별로 생기지 않는다는 것을 보여주는 좋은 예라 하겠습니다. 사람들이 특히 "감상주의"(emotionalism)를 두려워하기 때문에 개인적인 기도를 하지 않는 변명으로 이것을 이용합니다.

을 처음 들었던 때를 아직도 기억하고 있습니다. 그 일은 1960년도 초 아이오와 주에서 열렸던 첫 수련회에서였습니다. 어느 날 저녁 우리 중 몇 사람이 교회 안으로 들어갔을 때 덩치가 큰 어떤 트럭 운전기사 하나가 자기 인생을 엉망으로 만든 잘못들을 예수께 두서없이 기도하는 것을 듣고 그 방에 있던 우리 모두는 흐느끼기 시작했습니다.

수년 간 우리는 모두 그런 식으로 기도해 왔지만 이 트럭 운전기사와 같이 한 평범한 사람이 마음을 열고 그렇게 기도하는 것을 이전에는 한번도 들어본 적이 없었습니다. 저는 거기서 서른이 넘은 나이에 처음으로 자발적인 기도를 듣게 된 것입니다.

두려움을 떨쳐버리는 것 외에도 스스로의 기도를 구사하는 것은 쉬운 일입니다. 그것은 친구들과 이야기하는 것과 같이 쉬운 일입니다. 예수께서도 우리를 자기 친구라고 분명히 말씀하셨습니다. 주님은 우리에게 아버지의 뜻대로 무엇이든지 아버지께 구하면 들어주신다고 거듭거듭 말씀하셨습니다.

> 그를 향하여 우리의 가진 바 담대한 것이 이 것이니 그의 뜻대로 무엇이든지 구하면 들으심이라. 우리가 무엇이든지 구하는 바를 들으시는 줄을 안즉 우리가 그에게 구한 그것을 얻은 줄을 또한 아느니라(요일 5:14, 15).

주님은 말씀하셨습니다. 우리가 중언부언하거나 긴 기도를 하지 않도록 말입니다. 우리에게 필요한 것은 마음으로부터 우러나오는 단순한 기도인 것입니다.

치유를 위한 기도에는 몇 가지 방법이 있습니다. 예를 들어 어떤 신자가 예수님과 특별히 친밀한 관계에 있어서 지금 누군가 한 개인을 주님이 지명하여 치료하기를 원하신다는 것을 직감하게 될 때 기도로 명령할 수 있습니다. 마치 예수께서 파도와 바람을 꾸짖어 잠잠케 하신 것이나 베드로가 앉은뱅이를 걸으라고 명령한 것처럼 말입니다. 하나님의 나라는 모든 것을 올바르게 회복시키는 영역이므로 신자들은 기도로 명령할 수 있는 권세를 받은 자라 할 수 있습니다. 하나님의 권세가 뒤받쳐 주고 있는 이러한 기도에 자연의 힘은 복종할 수밖에 없습니다. 예를 들자면 저는 때때로 암환자들을 위해 명령하는 기도를 합니다.

> "예수 그리스도의 이름으로 내가 명하노니 암세포들은 시들어 없어질지어다. 내가 명하노니 이 종양은 녹아서 없어질지어다. 이제부터는 오직 정상적인 세포들만 이 몸에 재생될지어다. 예수의 이름으로 명하노니 이 암은 몸에서 떠나가고 온전케 될지어다."

이렇게 명령하는 기도는 하나님께서 그것을 원하신다는 견고한 확신이 들 때 하는 것이며, 우리가 기도하는 가운데 흔히 동원하는 믿음을 초월하는 일입니다. 여러분이 쉽게 할 수 있는 기도는 여러분이 원하는 것을 단순히 구하는 것입니다.

> "예수님, 제 아내의 몸에 주님의 치유의 권능을 보내주셔서 암세포를 죽여주세요. 종양을 녹여주시고 새 힘을 부어주십시오. 아내의 몸 안에 지금부터는 건강한 정상 세포들이 재생되도록 명령해 주세요. 주님, 제 아내를 고치셔서 제 가정이 회복되게 해 주십시오."

이런 기도는 쉽게 할 수 있으며 아무런 가식이 없이 그저 원하는 것을 하나님께 아뢰는 기도인 것입니다. 그분이 당신을 사랑하시는 줄 아니까 마치 친구에게 하듯 그분께 이야기하는 것입니다.

어떤 이유인지 우리는 세련된 기도를 만들어 하나님을 감동시키려는 생각을 합니다. 우리의 기도가 평범하면 하나님께서 듣지 않으실 것처럼 말입니다. 하지만 이것은 사실이 아닙니다.

우리는 흠정역성경(KJV)에 나올 법한 그런 고전적인 말투로 기도할 필요가 없습니다. 그냥 여러분이 친구에게 이야기하는 말투로 기도하십시오. 여러분들이 친구들과의 저녁 식사 자리에서 이야기하는 말투와 다른 음성으로 기도할 필요는 없습니다. 기도할 땐 여러분 본연의 모습이 되십시오. 가공된 자신을 섞지 마십시오.

> 또 기도할 때에 이방인과 같이 중언부언 하지 말라. 저희는 말을 많이 하여야 들으실 줄 생각하느니라(마 6:7).

여러분이 기도할 땐 몇 분 이상 할 필요가 없습니다. 만약 여러분이 방언으로 기도하는 것에 익숙하다면 그것도 도움이 될 수 있습니다. 제가 주로 하는 방법은 손을 환자의 어깨나 아픈 부위에 올리고 영어로 얼마간 기도하다가 유익하다고 느껴지면 방언으로 계속 기도합니다. 방언으로 기도함으로써 저는 성령님께 기도를 넘겨드립니다. 그분은 저보다 환자에게 무엇이 가장 좋은 것인지 훨씬 더 잘 아시니까요. 그러면 기도는 그 상황에 대한 저의 지각의 한계를 넘어서게 됩니다.

제가 방언으로 기도하는 동안 가끔씩 기도 받는

사람들이 제가 모르는 그들의 언어로 알아듣는 경우도 있었습니다(한번은 아랍어였으며 다른 경우는 그리스어였습니다). 그들 모두 이 경험이 큰 도움이 되었고 힘을 얻었다고 했습니다(두 사람은 은사주의자들이 아니어서 이전에는 방언에 대해 회의적이었습니다).

제가 여기서 방언의 유익에 대해 장황하게 설명하고 싶은 마음은 없습니다. 여러분의 모국어가 영어든 무엇이든 그것으로 기도하는 것이 가장 자연스러운 일이며 주님이 여러분의 기도에 응답해 주실 것입니다.

> 구하라 그러면 너희에게 주실 것이요, 찾으라 그러면 찾을 것이요, 문을 두드리라 그러면 너희에게 열릴 것이니(눅 11:9).

치유하는

가족의
회복을
위해 -
기도하라

기도

치유하는 기도

가족의 회복을 위해 기도하라

The Prayer That Heals

Praying for Healing in the Family

6장

시간이 걸린다

The Prayer That Heals

제가 기도생활 하는 가운데 발견한 가장 큰 사실 하나는 짧게 기도했을 때 별 효험이 없었지만 더 깊은 기도(soaking prayer)로 나아가면 우리가 구하는 치유가 일어난다는 것입니다. 우리가 짧막한 기도를 했을 때 몇 사람이 완치되었는지 또 몇 사람이 호전되었는지 기도의 효력에 대해 몇 차례 조사해 본 적이 있었습니다. 어느 정도 호전된 환자의 수가 완치된 환자보다 약 25대1의 비율로 많았습니다.

저는 이 사실을 통하여 짧은 기도가 어느 정도 환자들에게 신체적 효력(영적인 유익은 항상 있습니다)이 있지만 좀 더 오랫동안 그들을 위해 기도해 주는 것이 필요하다는 것을 깨닫게 되었습니다.

어느 날 저녁 열 다섯 명 정도의 환자들에게 기도를 해 준 적이 있었는데 그 중 두 세 명이 완치되었습니다. 하지만 대부분 호전을 보였습니다. 우리가 더 오래 기도할수록 그들이 더 좋아졌던 것입니다. 한 사람은 비서였는데 관절염으로 손가락이 굳어져 직장을 잃게 될 비관적인 처지에 있었지요.

일수일 전 우리가 기도해 주었을 때 관절의 경직이 절반 정도 사라졌습니다. 하지만 지난 밤 기도 모임 때 놀랍게도 경직이 거의 사라진 것입니다! 손가락이 교정되는 데는 이렇게 두 차례의 기도 시간이 걸렸던 것이지요. 어떨 때는 더 오랜 기도가 필요하기도 합니다.

제가 언급한 바와 같이 가족들이 함께 모여 단순한 방법으로 서로 기도해 주면 치유가 많이 일어날 수 있을 것입니다. 여러분의 노쇠한 부친이 특히 척추나 손가락에 관절염으로 고생하신다고 합시다. 여러분 스스로의 말로 그를 위해 기도해 주면서 예수께, 혹은 하나님 아버지께 고쳐달라고 단순히 구하며, 그의 손가락이나 등에 손을 얹고 마음으로 계속 기도[1]하거나 혹은 방언 기도나 조용히 찬양(어느 방법이든 맞다고 생각되는 대로)하면 여러분의 눈앞에서 분명 변화가 있는 것을 보게 될 것입니다. 이러한 변화는 주로 단계적으로 일어나기 때문에 다음과 같은 변화를 한번 관찰해 보십시오.

① 먼저 십분 정도(혹은 더 길게나 더 짧게) 기도하면 통증이 완화되거나 완전히 사라집니다.
② 그 다음 관절의 운동성이나 유연성이 회복되었는지 관찰해 보십시오. 손가락을 움직이거나 허리를 굽혀 보도록 해서 유연해졌는지 확인해 보십시오. 이러한 호전은 조금 더 기도할 때 주로 일어납니다.
③ 마지막으로 만일 관절에 부종이 있다면 부

---

1 가톨릭 신자들은 묵주 기도를 원할 때도 있습니다.

기가 빠지고 비틀린 손가락이 바르게 펴지
기 시작합니다(저는 한 삼십 분 정도 기도하면
이런 변화를 대체로 볼 수 있습니다).

관절염 환자들을 위해 기도해 주면 대부분의 경우 이러한 변화가 일어나기 시작한다는 것을 여러분들에게 꼭 알려드리고 싶습니다. 하나님께서 제게 (저 뿐만 아니라 많은 사람들에게) 병 고치는 특별한 은사를 주셨다는 것을 알게 되었지만 저는 아직도 믿고 있습니다.

여러분이 기도하면 여러분들의 가정에서도 똑같은 축복이 온다는 것을 말입니다. 시간이 어쩌면 조금 더 걸릴 수도 있겠지만 때로 기도하는 동안 치유가 일어나기도 합니다. 제가 여기서는 관절염을 예로 들었지만 여러분은 다른 신체의 질환을 위해서도 기도할 수 있습니다.

때때로 저는 한 환자가 완전히 나을 때까지 여러 시간을 기도해야 할 경우도 있습니다. 기도가 힘든 일이라는 것을 여러분들도 아시겠지만 언제나 귀중한 일입니다. 왜냐하면 하나님의 치유를 누군가에게 선사할 수 있다는 것은 정말 기쁜 일이기 때문입니다. 어제 저녁 척추 측만증을 앓는 한 젊은 여인에게 우리가 기도해 주었을 때 그녀는 정말 기뻐했습니다. 우리가 기도하는 동안 그녀의 휘어진 척추가 펴지며 통증이 떠나는 것을 느끼면서 그녀의 얼굴은 기쁨의 눈물로 뒤덮였던 것입니다.

누군가를 위해 기도 시간을 사용하는 데는 여러 가지 방법이 있습니다. 때로 한 두 시간씩 기도해야 할 필요를 느끼게 되면 오분씩 휴식해 가며 일정한 시간 계속 기도하면서 어떤 호전이 있는지 점검해 보기도 합니다. 자주 만날 기회가 없는 환자나 상태가 대단히 위중한 환자 혹은 치유가 속히 시작되는 것이 중요한 그런 환자들의 경우 저는 오랫동안 기도하는 편입니다. 어떨 때는 변화와 치유가 너무 활발하게 일어나기 때문에 도저히 기도를 중단할 수 없는 경우도 있습니다.

또 다른 경우에는 하루에 5분씩 기도하는 것이 좋을 때도 있습니다. 이런 경우는 남편과 아내가 그들에게 필요한 것들을 위해 서로 기도해 줄 때 특별히 적합한 방법입니다. 어떤 경우든 여러분을 위해 기도해 주는 사람이 있다는 것은 정말 귀하고 힘을 얻는 일입니다. 그래서 지체들이 일단 기도를 시작하게 되면 멈추지 않기를 바라게 될 것입니다.

하지만 기도해 주는 사람 측에서는 쉬어야 할 때도 있습니다. 왜냐면 여러분이 기도할 때 뭔가 쏟아내기 때문이지요. (치유 집회에서 사람들에게 기도해 줄 때 세 경우 누 시간이 한계입니다. 더 지나면 저는 기진해지기 시작합니다).

제가 깨닫기로는 많은 경우 치유가 안수를 통하여 오기 때문에 깊은 기도를 할 땐 시간적인 요소를 고려해야 합니다. 하나님의 치유의 광선 아래 환부가 오래 붙잡힐수록 더 많은 세균과 종양들이 시들어 죽게 됩니다. 저는 이것을 하나님의 방사선 치료라고 생각하고 싶습니다. 하나님의 생명이 당신의 손을 통하여 전달되지만 그 생명과 힘이 감소되지 않는 그런 것이 아닙니다.

물론 그것은 그분의 능력이지만 당신의 연약함과

불안전함(brokenness)을 통하여 나오는 것입니다. 그러므로 당연히 그것이 효과를 발휘하기 위해서는 시간이 걸리는 것이지요.

저능아나 뇌성마비 혹은 만성적으로 심각한 질병이 있는 아이를 가진 가족들을 위해서는 깊은 기도(soaking prayer)가 큰 도움이 됩니다. 제가 개인적으로 알고 있는 정신 지체나 뇌손상이 나은 경우는 모두 오랫동안(주로 수년에 걸쳐) 기도를 통해 이루어진 결과들이었습니다.

가족들이 참으로 아이를 위해 매일 기도에 매달렸던 것입니다. 놀라운 효험의 하나로서 기도를 받는 동안 환자가 거의 대부분 하나님의 사랑을 체험하게 되며, 이것 자체도 하나의 치유인 것입니다. 또한 뇌손상이나 신경 손상으로 인한 질환인 경우 자연의 힘으로 교정이 불가능하며 이런 경우에는 일반적인 치유보다 진정한 하나님의 창조적 기적이 필요함을 여러분이 인지해야 합니다.

이러한 기적은 일반적인 치유보다 드물게 일어납니다. 간혹 (가끔씩 하나님의 특별하신 임재가 있는 내규

모 치유집회에서는) 즉석에서 치유되는 일도 있긴 하지만 말입니다. 그렇지 않을 경우는 대부분 가족들이 치유를 위해 오랜 시간 기도에 매달림으로써 일어납니다.

현재 저희 기도 모임에서는 심한 지체가 있는 여덟 살 난 여아를 위해 일주일에 한 번씩 기도해 주고 있습니다. 그 애의 부모들도 매일 그 아이에게 기도하고 있습니다. 우리 모임에서 기도해 온 지 두 달이 지났지만 아이는 여전히 지체 상태입니다. 하지만 이주일의 단위로 눈에 어느 정도 식별되는 호전을 보입니다.

예를 들어 지난 주 기도 이후 아이의 눈이 부모의 손동작을 따라 움직이기 시작했습니다. 그것은 이전에 할 수 없었던 행동인 것이지요. 그 아이의 치료사가 확인할 정도의 꾸준한 진척을 우리가 보고 있으며 일반적인 치료가 가져올 수 있는 것보다 훨씬 빠른 속도로 일어나고 있습니다. 회복되기 위해서는 수년이 걸리겠지요.

비록 이러한 점진적인 치유는 시간이 걸리겠지만

놀라운 희망의 신호이기도 합니다. 저는 이제 아픈 사람을 보면 생각하게 됩니다. "누군가 저 휠체어에 앉아있는 장애자를 위해 몇 시간 기도해 줄 수만 있다면 걸을 수 있을텐데."

저는 희망합니다. 여러분이 주위에 있는 사람들에게 예수님의 생명을 전달해야 할 놀라운 능력을 인식하며 친구들(혹은 때로 모르는 사람들)을 위해 어떻게 기도해 줄 것인지 깨닫게 되기를 말입니다. 그리고 그들의 질병이 생명에게 삼키운 바 되는 것을 목격하게 되기를 또한 바랍니다.

예수께서도 소경의 눈을 두 번 만지신 후에야 그가 밝히 보게 되었습니다(막 8:22-26). 그리고 "항상 기도하고 낙망치 말아야 될 것"(눅 18:1)을 우리에게 말씀하셨습니다.

그러므로 여러분의 사랑하는 사람이 위중하다 하더라도 힘을 내십시오. 시간을 내어 그와 함께 자주 기도해 주면서 5분이나 혹은 그 이상 그에게 안수해주며 무슨 변화가 일어나는지 관찰해 보십시오. 어떤 변화라도 있으면 여러분의 힘이 허락하는 한 더 오랫동안 자주 기도해 주십시오.

 여러분이 이렇게 시작하여 잠깐 기도하고 마는 "값싼 은혜"에 안주하지 않고 기도하는 일에 매진한다면 여러분의 사랑하는 사람들이 지혜와 은혜 그리고 건강 안에서 성장하는 경이로운 일들을 보게 될 것입니다.

치유하는

가족의
회복을
위해 -
기도하라

기도

치유하는 기도

가족의 회복을 위해 기도하라

The
Prayer
That
Heals

Praying

for

Healing

in the

Family

7장

용서

The
Prayer
That
Heals

> 너희가 사람의 과실을 용서하면 너희 천부께
> 서도 너희 과실을 용서하시려니와 너희가 사
> 람의 과실을 용서하지 아니하면 너희 아버지
> 께서도 너희 과실을 용서하지 아니하시리라
> (마 6:14, 15).

이 말씀은 당연한 영적 법칙의 하나입니다. 우리 모두가 죄를 범했기 때문에 하나님께서 자신의 긍휼과 선하심으로 우리 죄를 용서해 주심을 믿는 표시로서 이 용서를 우리는 다른 사람들에게도 전달해야 하며 또 전 인류에게 미치는 증오의 고리를 끊어야 하는 것입니다.

> 사함을 받은 일이 적은 자는 적게 사랑하느니라
> (눅 7:47).

예수님의 사랑 곧 우리를 지탱하고 있는 우리 속에 흐르는 생명의 피를 남들에게 전달해 주지 않는다면 우리는 이것을 받을 수 없을 것입니다. 우리의 돌과 같이 굳은 마음을 부드러운 마음으로 바꾸어야 합니다.

수많은 결혼생활이나 다른 관계들이 병들고 상처 입는 것은 비극입니다. 엄마가 아이한테 퉁명스런 이야기를 합니다. "넌 언니보다 못생겼어." 삼십 년이 지나서까지도 이 모욕은 성인이 된 이 여인을 괴롭히며 자신감을 잃게 하고 쉽게 남을 믿지 못하게 하는 것을 우리는 볼 수 있습니다. 자기에게 가장 가깝고 자신을 누구보다 제일 잘 아는 엄마로부터 배신감을 느낀 것입니다. 그리고 이러한 경험은 그녀의 전 생애에 영향을 미칩니다. 혹은 남편이 쏘아붙이는 아내에게 찌르는 말을 합니다. 이들이 서로 용서하지 않는다면 표면적으로 드러나기 전에 그들 사이의 거리는 이미 멀어지게 됩니다.

> 누가 뉘게 혐의가 있거든 서로 용서하여 피차 용납하되(골 3:13).

그래서 서로 기도해 줄 때 가장 핵심적인 것은 우리가 혹시 서로 다른 의견을 지니고 있다면 털어놓고 이야기하며 우리의 마음들을 건설적으로 표현하는 것입니다.[1] 그리고 상처를 받은 일이 있다면 서로 용서하며 서로 그것을 위해 기도해 주는 것입니다. 여러분은 겪어본 적이 없습니까? 만약 당신이 남들에게 맺힌 게 있거나 그들이 여러분들에게 거리낌이

---

1 여기서 저는 특별히 콘라드 바즈 박사가 쓴 『당신의 감정을 느끼고 치료하라』(*Feeling and Healing Your Emotions*)라는 책을 추천합니다.

있다고 느끼게 되면 그들을 위해 여러분이 자발적이며 진정한 기도를 할 수 없게 된다는 것 말입니다.

> 그러므로 예물을 제단에 드리다가 거기서 네 형제에게 원망 들을 만한 일이 있는 줄 생각나거든 예물을 제단 앞에 두고 먼저 가서 형제와 화목하고 그 후에 와서 예물을 드리라.
> (마 5: 23, 24)

자기에게 상처 입힌 사람을 의지적으로 용서할 때 육체적으로도 치유가 일어나는 것을 저는 수도 없이 보았습니다! 그리스도인들이 술 취함이나 간음과 같은 죄에 대해서는 민감하면서 남들에 대한 증오심을 우리 속에서 꾸준히 키우고 있는 것에 대해서는 무감각한 것은 놀라운 일입니다. 흔히 우리는 그 사람, 아니면 적어도 그 사람의 행동이 나쁘고 비난과 벌을 받는 게 마땅하다고 믿습니다.

예를 들어 제가 처음 이 책을 썼을 땐 이란이 미국인 인질 53명을 억류하고 있었으며 가는 곳마다 차의 범퍼에 이란을 비난하는 스티커나 상점에 "이란인들은 환영하지 않습니다"라는 간판이 붙어 있는 것을 볼 수 있었습니다. 25년 뒤에는 이 증오가 이라크인들에게로 향했습니다. 911사태로 세계 무역 센터의 쌍둥이 빌딩을 파괴한 것은 명백히 끔찍스런 범죄였습니다. 하지만 어떤 그리스도인들은 세상 사람 전부를 증오하는 일에 아무런 거리낌이 없습니다.

멀찍이 서서 증오하는 것은 위험한 일이지만 가정에서 미움을 품고 있는 것은 더 즉각적인 파괴력이 있는 것입니다. 그것은 우리가 증오하는 사람만 결박할 뿐 아니라 우리 자신도 결박해서 우리를 병들게 합니다. 우리가 증오나 화를 품고 그것을 해결하지 않는다면 상대방보다 우리 자신을 더 상하게 합니다. 증오가 결국은 우리를 파괴할 것입니다.

해결되지 못한 감정들이 병들게 하는 역할에 대해 의사들이 점점 더 밝히고 있습니다. 칼 시몬톤 의사 부부는 그들의 저서『다시 회복되기』(*Getting Well Again*)에서 해결되지 못한 상실과 트라우마가 암에 의한 비극을 초래한다는 근거를 밝히고 있습니다. 제임스 린치 의사는 그의 책 『상처입은 마음』(*Broken Heart*)에서 사랑과 교제의 결핍이 심장병 발생률을 증가시킨다고 합니다. 대부분의 사람들이 오랜 시간 쌓여온 긴장과 분노가 관절염이나 궤양 같은 질환을 초래한다는 것을 인식하고 있습니다.

의사들 사이에서나 환자들을 위한 기도 모임에서도 같은 결론을 점점 더 얻고 있습니다. 해결되지 않은 감정들 특히 두려움이나 분노 같은 감정들이 질환을 일으키거나 악화시킬 수 있습니다. 그러므로 우리는 필연적으로 용서해야 합니다. 그리고 미움이나 원망을 포기해야 합니다. 이런 것들이 우리 체내에서 지속적으로 아드레날린이나 그 외 다른 내분비 장기의 분비를 촉진시킵니다.

이러한 호르몬들은 인체가 비상상태에 있을 때에만 몸을 지키기 위해 필요시 분비하도록 되어 있는 물질들입니다. 제가 긴 시간 근심하게 되면 제 어깨가 굽어집니다. 만약 습관적으로 근심하게 된다면 결국 영구적으로 구부정하게 될 것이며 제 자세가 영영 나빠질 것입니다.

   용서하기 위해서, 특히 원수를 용서하기 위해서는 하나님의 도움이 얼마나 필요한지요. 저는 진실로 믿고 있습니다. 적개심을 품는 것은 자연적인 과정의 하나이지만 오직 예수님만이 우리를 자유케 하실 수 있다고 말입니다.[2] 저는 가끔씩 용서하기 힘들어하는 사람들을 위해 기도해 주고 있습니다. 예수께서 그 사람에게 상대방을 향한 주님의 이해와 사랑으로 채워주셔서 용서하지 못하는 그 사람의 마음에 주님의 용서의 사랑을 부어주시도록 말입니다. 저는 여러 번 이 기도가 예수께서 십자가 위에서 이루신 그 용서로 응답됨을 목격했습니다.

---

2 복음서에서는 용서에 관한 기술이 많기 때문에 사람들이 분노를 느끼는 것에 대해 죄의식을 느끼고 있습니다. 하지만 예수께서도 어떨 때는 바리새인들을 향해 "독사의 자식들아"(마12:34)하면서 대단히 화를 내기도 하셨습니다. 바울 사도는 우리가 화를 내어도 죄를 짓지 말라고 했습니다. 분노는 하나님이 주신 건전한 감정입니다. 그러나 우리의 화를 해결할 적절한 행동을 선택해야 하며 적당한 시기에 용서해야 하는 것입니다.

> 아버지여, 저희를 사하여 주옵소서. 자기의
> 하는 것을 알지 못함이니이다(눅 23:34).

때로는 용서할 수 없는 대상이 여러분 자신일 수 있습니다. 죄책감이 너무 커서 회복되기를 원치 않을 경우도 있습니다. 당신 자신을 벌주고 있는 것이지요. 만약 여러분이 이런 상태라면 아직 빛 가운데 내어놓지 못한 어떤 죄든 회개하고 고백하는 것이 중요합니다. (어떤 교회에서는 공개적 회개를 통해 어두움에 있던 죄를 빛 가운데 가져오는 일에 놀라운 도움을 주기도 합니다).

수많은 사람들이 자신이 용서받은 줄을 알면서도 용서받았다고 느끼지 못합니다. 예를 들어 한 여인이 낙태를 한 적이 있는데 회개를 한 후에도 그 죄책감을 떨치지 못할 수 있습니다. 왜냐하면 만약 그녀가 그 생명을 제거하지 않았더라면 그 애가 아직 살아 있었을 거라는 생각 때문이지요. 회개한 후에도 그 죽음은 바꿀 수가 없는 것입니다. 아이에게 일어난 그 일은 돌이킬 수가 없는 것이지요. 이와 같은 일이 벌어졌을 경우 다음과 같은 기도의 접근이 가끔씩 도움이 됩니다.

먼저 그 사람으로 하여금 예수님(혹은 하나님 아버지)을 영의 눈으로 상상하도록 하십시오. (만약 당신이 혼자서 기도하고 있다면, 스스로 이렇게 해 보세요). 예수님을 가능하면 더 선명하게 보도록 노력해 보시고 그리고 이야기 해보세요. 만약 그분이 말씀하신다면 귀를 기울이십시오. 어쩌면 주님은 당신에게 악수를 하거나 포옹해 주실지도 모릅니다.

이런 식으로 예수님을 영접한 후에 평안해지면 그분이 여러분 곁에 서 계시는 것을 상상해 보세요. 이제 문이 열리고 당신이 화해하고자 하는 사람이 들어오고 있습니다. 여러분의 영의 눈으로 그 사람을 뚜렷이 바라보도록 해 보세요. 얼굴 표정과 머리카락의 모양 그리고 눈매를 봅니다. 그리고 예수님께 구하십시오. 그 사람에게 다가가서 주님께서 여러분이 하기를 원하시는 행동이나 말을 그에게 할 수 있도록 도와 달라고 말입니다.

때로 이러한 기도는 성령 안에서 실제화되기도

합니다. 당신이 정말로 예수님을 보게 되며 당신의 마음 속에 진정으로 화해하고자 하는 갈망을 주님께서 넣어주십니다. 마침내 당신은 그 사람에게 용서를 구하거나 아니면 그가 당신에게 용서를 구합니다. 그리고 그와 악수를 하거나 포옹하며 또 예수께서는 두 사람을 품어주심을 보게 됩니다. 이제 당신은 원망의 육중한 무게가 들려지며 여러분의 어깨까지도 실제로 가벼워짐을 느끼게 될 것입니다.

여러분의 친구에게도 이러한 기도를 여러분이 해줄 수 있습니다. 저는 용서치 못함과 죄책으로부터 예수께서 자유케 해주심에 대한 특별한 경우들을 알고 있습니다. 예를 들어 앞서 말씀드린 것처럼 낙태를 한 어느 여인의 경우 자신을 용서할 필요가 있을 것입니다. 낙태한 그 아이에게도 자신이 저질렀던 일에 대해 용서를 구할 필요가 있을 것입니다. 그 아이는 육체적으로는 죽었지만 그의 영은 살아있을 것이며 하나님의 세계 어디엔가 여전히 존재하고 있을 것입니다.

실제로 그런 죄책감으로부터 풀려나기를 원하는

여인을 위해 기도를 해 준 적이 있습니다. 자신의 죄를 고백하고 하나님께 용서를 구했지만 그녀는 여전히 죄책에 시달리고 있었습니다. 그래서 그녀가 그 아이의 생명을 끝내버린 일에 대해 아이에게 직접 용서를 구할 수 있도록 그 아이를 한번 보내 달라고 하나님께 기도해 보라고 했지요.

제가 기도한 이후 오랫동안 그녀가 잠잠하더니 어느 날 그녀가 웃음 짓기 시작했습니다. 무슨 일이 일어났냐구요? 하나님 아버지께서 아이를 안고 그녀에게 나타난 것입니다. 아이의 행복해 하는 모습을 보며 그녀는 비로소 안심할 수 있었지요(놀랍게도 아이는 벌써 두 살쯤 되어 보였습니다. 그것은 그녀가 낙태하지 않았다면 그 정도 되었을 나이였습니다).

그 때 아이가 그녀를 쳐다보며 미소를 보내주었습니다. 그 순간 그녀는 자신이 용서받았다는 것을 깨닫게 된 것입니다. 아버지께서도 그녀를 보며 미소 짓자 그녀는 하나님의 용서가 얼마나 경이로운 것인지 즉각 느낄 수가 있었습니다. 이처럼 하나님께서 그녀를 용서하시고 그 아이 역시 그녀를 용서

했음을 완전히 깨닫게 되자 마침내 그녀는 자신도 용서할 수 있었던 것입니다.

이런 종류의 기도에는 많은 창의력이 있습니다. 그것은 탕자의 마음을 움직이시는 하나님의 역사하심 같은 그런 창의력인 것입니다. 그러므로 치유가 필요한 쓰라린 관계로 인해 마음이 억눌려 있다면 이런 기도를 해 보도록 여러분을 격려하고 싶습니다. 혼자서나 혹은 다른 사람에게 함께 기도해 달라고 부탁해서 제가 말씀드린 이런 기도를 한번 해 보십시오.

만약 여러분이 그 대상과 계속 교제를 해야 하는 사이라면 화해를 위해서도 노력을 기울여야 할 것입니다. 가끔은 결혼 상담사와 같이 제 삼자가 필요할 때도 있습니다. 제가 권하고 싶은 것은 먼저 겸손함으로 용서를 구하십시오. 그리고 조심스럽게 용서를 제안하십시오. 이렇게 말할 수 있겠습니다. "죄송합니다. 제가 잘못했습니다. 제가 그런 행동을 해서는 안되는 건데 저를 용서해 주십시오. 저를 너그럽게 봐 주시고 풀어주시기 바랍니다."

그러나 만약 여러분이 누군가에게 다가가서 "당신을 용서합니다"라고 한다면 그 말은 마치 여러분이 높은 위치에 서서 "당신이 제게 잘못 했지만 제가 너그럽기 때문에 당신을 용서합니다"라고 말하는 것처럼 들릴 것입니다.

간혹 사람들이 제게 불쑥 저를 용서한다는 말을 할 때마다 저는 그 말이 그들이 저를 판단한다는 것으로 들리며 또 남몰래 어떤 생각을 그들이 하는지 제게 알리는 것으로 들립니다. 예를 들어 어떤 사람이 찾아와서 이런 말을 했다면 여러분은 어떻게 생각하시겠습니까?

> "당신은 제 눈에 항상 교만하고 냉정하게 보이는군요. 당신이 정말 그런지는 잘 모르겠지만 제 앞에서 당돌하게 보인다고 해서 제가 비판해서는 안되는 일이지요. 그러니 저를 용서해 주세요."

그런 언사는 당신에게 충격을 주거나 화나게 할

것입니다. 이런 경우 여러분이 알지도 못하는 일에 대해 그가 여러분에게 용서를 구하고 있지 않습니까! 만약 여러분이 누군가 용서할 일이 있다면 가장 안전한 방법은 마음 속으로 조용히 용서하십시오. 상대방이 정말 용서를 구할 때에만 용서한다고 말하십시오.

반면에 여러분이 잘못을 저지르고 용서를 구할 땐 여러분이 먼저 용서를 구하는 것이 최선입니다 그러면 상대방이 용서하지 않을지도 모르지만 화해하기 위해 여러분이 해야 할 몫을 한 것입니다.

때로는 여러분이 잘못 해서가 아니라 뭔가 결여되었기 때문에, 특히 사랑과 감사의 표현이 없기 때문에 관계가 힘들 때도 있습니다. 제 자신도 저의 아버지나 어머니께 저의 사랑을 그들의 임종이 올 때까지도 적절히 표현할 줄을 정말 몰랐습니다. 그들에게 그저 "사랑해요"라고 말할 줄만 알았어도 그들은 훨씬 더 행복했을 것입니다.

아버지와의 관계 회복을 위해 제게 기도를 부탁했던 한 여인에게 기도해 준 것이 기억납니다. 아버지는 딸에게 한번도 그녀가 필요로 했던 애정과 관심을 보여준 적이 없었습니다. 그녀는 이전에 몇 차례 귀한 내적 치유를 받은 적이 있었지만 이번 기도 후에는 아무런 일도 일어나지 않았습니다. 그녀의 표현으로는 마치 압력 밥솥 속에 갇힌 느낌이라고 하며 치유는 일어나지 않았습니다. 며칠 후 그녀가 아버지를 방문하기 전까지는 말입니다.

그녀가 집에 들어가 거실에 갔을 때 그곳엔 평소처럼 아버지가 텔레비전을 보면서 맥주를 마시며 다리를 편 채 앉아 있었습니다. 문에 서서 거실 안으로 들어가야 할 것인지 망설이는 중에 아버지에게 가서 사랑한다고 말하라는 어떤 음성이 들리는 것 같았습니다. 하지만 처음에 그녀는 저항했습니다. 아버지가 그녀를 그저 비웃을 거라 믿은 것이지요. 하지만 속에서 들리는 그 그치지 않는 음성 때문에 그녀는 마침내 내키지 않는 마음을 꺾고 아버지 곁에 무릎을 꿇고 앉아 입을 열었습니다.

"아빠, 사랑해요." 아버지가 정면을 향해 계속 텔레비전을 보는 얼마 동안 그녀의 공포는 현실이 되고 있었습니다. 그때 아버지가 그녀를 향해 몸을 돌리더니 눈물을 쏟으며 그녀를 껴안은 것입니다. 서로 흐느끼면서 수년의 상처가 치유되었던 것입니다.

하나님은 분명 그녀의 마음에서만 화해되는 것으로 만족지 않으시고 그녀의 현실에서도 화해되기를 원하셨던 것입니다.

아마 여러분 스스로 이미 알고 계실 것입니다. 증오의 관계는 여러분을 결박하지만, 사랑의 관계가 얼마나 여러분을 자유케 하여 여러분이 원하는 사람이 될 수 있도록 하는지 말입니다. 그러므로 남들을 자유케 하는 일들을 하시기 바랍니다. 저는 이 말씀의 더 깊은 뜻을 이제 알고 있습니다.

> 무엇이든지 너희가 땅에서 매면 하늘에서도 매일 것이요 무엇이든지 땅에서 풀면 하늘에서도 풀리리라(마 18:18).

물론 예수께서는 이 말씀을 사도들 중에서 베드로에게 권위를 주려고 하신 말씀이지만 어떤 점에서는 우리 모두가 천국의 일을 하기 위하여 서로 매거나 풀 수 있다는 것입니다. 그렇습니다. 만약 여러분이 용서하지 않는다면 여러분 역시 용서받지 못할 것이며 치유되지 못할 것입니다.

저는 환자들이 오랜 기간 원수 된 사람들을 용서할 때 육체적으로도 치유가 일어나는 것을 수도 없이 보아왔습니다. 『치유의 권능』(Power to Heal)이라는 책에서 저는 골수염으로 심하게 휘고 뒤틀린 테레사의 다리의 치유에 대하여 기술한 적이 있었습니다.

우리가 기도한 지 이틀째 치유가 멈춘 것 같았습니다. 그 때 우리는 테레사가 그녀의 어머니를 용서해야 함을 알게 되었지요. 테레사가 아홉 살 때 어머니는 가난 때문에 그 아이를 수녀들에게 맡겨서 아이에게 필요한 의료혜택을 받도록 했던 것입니다.

어머니로서 할 수 있는 최선을 다했지만 테레사는 엄마가 자신을 버렸다고 여긴 것입니다. 아이는 자신이 거절당했다고 느끼며 분노 속에 멀어졌습니다. 테레사가 어머니를 용서하기를 우리가 청했을 때 그녀는 그렇게 했으며 다리가 다시 펴지면서 자라기 시작했습니다.

우리의 가족과 공동체 속에서 관계가 얼마나 꼬이며 상처를 입는지 제게는 정말 알 수 없는 일입니다. 그것은 죄의 비밀이겠지요. 하지만 기도는 우리로 하여금 서로 용서하게 하며 다시 시작하게 합니다. 만약 여러분이 상처입었다면 오직 예수님만이 주실 수 있는 능력을 달라고 기도해야 합니다. 당신에게 상처를 입힌 자를 용서할 수 있는 능력 말입니다.

치유하는

가족의
회복을
위해 –
기도하라

기도

치유하는 기도

가족의 회복을 위해 기도하라

The
Prayer
That
Heals

Praying

for

Healing

in the

Family

8장

치유를
   가져오는 믿음

The
Prayer
That
Heals

    만약 여러분이 오순절교단 교회에서 자란 신자가 아니라면 목사를 비롯한 교인들이 기도를 통해 치유가 일상의 삶 속에서 일어난다고는 생각지 않는 그런 교회에 속해 있을 것입니다. 그러다가 여러분이 은사주의 기도 모임에 참석하게 되면 여러분이 접하는 상반되는 믿음에 신앙적 충격을 받게 될지도 모릅니다. 그들이 기도할 때 당신이 나을 것이라는 절대적인 믿음이 여러분에게 없다면 오순절교단 신자나 은사주의자들 중 몇 명은 아마 여러분이 믿음이 부족하다고 단정해 버릴 것입니다.

제가 참석해 본 몇몇 기도모임에서는 지도자들이 그렇게 생각하고 있는 것이 사실이었습니다. 여러분이 "이미 나았다"고 주장하지 않는다면 그들은 만족해 하지 않을 것입니다. 심지어 그들이 기도해 준 후에도 여전히 병의 증상이 있는데도 말입니다.

건전한 그리스도인들 중에는 이처럼 치유를 절대적으로 믿는 그런 신자들도 더러 있습니다. 그들이 기도하면 치유가 많이 일어난다고들 말합니다. 만약 여러분이 그들의 이러한 절대적 요구에 못 미치거나 혹은 기도를 통하여 치유가 일어나는 것을 본 적이 없어 그것에 대해 조금은 회의적이라고 고백할 만큼 솔직해지더라도 저는 여러분이 실망치 않기를 바랍니다.

많은 사람들이 제가 기도해 준 후에 나았지만 그렇게 믿음이 좋지는 않았습니다. 그 중에 몇은 그리스도인도 아니었습니다. 우리가 일본에서 연 수련회에 어쩌다 불교 스님이 한 분 오신 것이 기억납니다. 저는 어느 날 저녁 그분과 오랫동안 식탁에서 이야기했습니다. 그에게 그리스도는 위인이며 신의 자취가 머물고 있는 많은 사람들 중의 하나에 불과하다고 했습니다. 하지만 다음 날 저녁 우리가 치유를 위해 기도하고 있는 동안 그가 앞으로 나왔고 하나님의 강한 손길을 체험하게 되었습니다. 제 생각엔 예수께서 직접 그를 만지셔서 주님이 단순히 위대한 선생 중의 한 사람이 아님을 보여주신 것입니다.

물론 믿음이 중요합니다만 예수께서는 대부분의 그리스도인들이 어떤 이유로든 그럴 가치가 없다고 판단해 버리는 그런 사람들을 주님의 긍휼하심으로 만나주심을 저는 깨닫게 됩니다.

제가 1975년에 프랑스의 루르드에 있는 유명한 기독교 치유 성지를 방문한 기억이 있습니다. 거기서 그곳 의료진들과 이야기를 나누었습니다. 그들은 이차대전 당시 뼈의 일부가 소실된 환자가 그곳을 방문하는 동안 뼈의 재생이 일어난 일에 대해 이야기했습니다. 그곳 의사들은 이 치유를 기적으로 인정하기로 결정했습니다. (루르드의 의료진들이 이러한 결정을 내리는 일은 아주 드문 일이며 겨우 이 삼 년에 한 번 정도인 것입니다). 그러나 교계에서는 그의 문란한 결혼생활 때문에 그의 치유를 인정하지 않고 있습니다. 하지만 저는 알고 있습니다. 예수께서는 오늘날에도 이천 년 전처럼 사람들을 고치시며 축복하신다는 것을 말입니다. 그리고 우리가 생각하기에 주님의 관심 대상이 될 가치가 없다고 판단하는 그런 사람들까지도 말입니다.

지금 여러분은 생각하실지 모르겠습니다. 예수께서 "네 믿음이 너를 낫게 하였으니 평안히 가라"(눅 8:48)고 말씀하실 만한 그런 믿음이 없다고 말입니다.[1] 아마 여러분은 그런 강한 믿음이 없을 것입니다. 아니면 오히려 회의적일지도 모르겠군요. 병이 나을 거라는 확신이 없거나 누군가를 위한 기도가 과연 효과가 있을지 확신이 없을 수도 있을 것입니다. 그래도 괜찮습니다. 여러분이 있는 그대로 시작하시면 됩니다.

---

1 찰스 파라 Jr. 박사는 이 주제에 관한 책을 저술했습니다. 그의 책 『성전 꼭대기에서: 믿음과 추측』(*From the Pinnacle of the Temple; Faith vs Presumption, Logos International*)에서 하나님의 특별하신 보여주심 없이 나았다고 주장하는 것과 믿음을 동일시하는 위험에 관해 다루고 있습니다.

첫째, 무엇보다도 먼저 정직하십시오. 만약 여러분이 그만한 믿음이 있다면 하나님께서 그것을 통해 역사하실 것입니다. 무엇인가 일어날 것이라는 확신이 없는 사람들에게도 확신이 있는 사람만큼 많은 수의 사람들이 치유되는 것을 저는 보아왔습니다.

병이 나을 것이라고 확신하는 데는 하나님의 특별하신 계시가 필요합니다. 그런 계시가 몇몇 사람들에게 주어질 수 있지만 누구에게나 다 오는 것은 아닙니다. 중요한 것은 그 확신을 모방하지 않는 것입니다. 어떤 믿음이 있던 그대로 행하십시오. 하나님이 당신을 치유하시고자 하면 여러분의 믿음도 커질 것입니다. 치유가 항상 믿음에서부터 오는 것이 아니라 때로는 믿음으로 인도하기도 합니다.

둘째, 우리의 믿음은 하나님께 있는 것이며 하나님이 치유하신다는 것을 믿는 것입니다. (사실상 이 치유는 예수께서 우리에게 주신 구원의 일부입니다). 내가 기도하면 당장 그분이 고쳐주신다고 믿어야 하는 것이 우리의 믿음이 뜻하는 바가 아닙니다. 만약 그분이 그렇게 계시해 주시는 것이 아니라면 말입니다.

치유가 일어나는 시간적인 요소에는 여러 가지 인자들이 작용합니다. 물론 궁극에는 천국에서 주님이 이루실 것입니다.

> 모든 눈물을 그 눈에서 씻기시매 다시 사망이 없고 애통하는 것이나 곡하는 것이나 아픈 것이 다시 있지 아니하리니(계 21:4).

셋째, 그러므로 일반적으로 하나님은 그의 백성들을 되도록 빨리 고치기를 원하신다고 여러분들이 믿도록 저는 여러분을 격려하고 싶습니다. 하지만 우리가 기도함에도 사람들이 낫지 않는 데는 많은 이유가 있겠지만 그것이 아픈 사람을 나쁘게 반영하고 있는 것은 아닙니다.[2] 예를 들어 죽음은 누구에게나 오는 것입니다. 그것이 궁극적인 비극이 아니라 새로운 생명으로 들어가는 관문인 것입니다. 치

---

[2] 저의 저서 『치유』(*Healing*) 제 18장에서 사람들이 낫지 못하는 이유에 대해 다루고 있습니다.

8장 치유를 가져오는 믿음

유 사역의 선구자인 아그네스 샌포드는 그녀의 남편이 중풍으로 고생하고 있을 때 그를 위해 기도해 주는 호의적인 친구들 때문에 하나님이 데려가시기로 예비하신 적절한 시간에 보내지 못해 필요 이상으로 이년을 더 고생했다고 합니다.

만약 여러분이 하나님의 선하심을 믿는 살아있는 믿음과 그분이 생명과 건강의 편에 서 계시며 또 우리가 한 모든 노력들이 다 실패했을 때에도 그분은 우리에게 치유를 주실 권능을 갖고 계심 또한 믿는다면 여러분은 치유를 위해 필요한 충분한 믿음을 갖고 있는 것입니다. (설혹 여러분이 그렇게 큰 믿음이 없다 하더라도 여러분이 가진 믿음을 쫓아 기도한다면 놀라운 일들이 벌어짐을 목격하게 될 것입니다). 그저 할 수 있는 한 정직하게 기도하십시오. 그리고 안심하시고 놀라운 일이 벌어질 것을 기대하십시오.

가장 치유를 잘 받는 사람들은 주님의 선하심과 사랑, 진리를 열린 마음으로 잘 받아들이는 사람들이라는 것을 저는 경험적으로 알고 있습니다. 밝은 눈빛, 아이와 같은 그런 표정을 보면 저는 그 사람이 나을 거라는 것을 예감하게 됩니다. 어떨 때는 그 어린 아이와 같은 표정을 여든 살의 할머니에게서 보기도 하며 대학생들에게서도 볼 수 있습니다.

어쨌든 열린 사람들에게서 치유가 가장 잘 일어나는 것 같습니다. 치유 받기 힘든 사람들은 무엇이든지 행동에 옮기기 전에 철저히 생각해야 하며 논리가 완벽하며 여러분에게 설명을 요구하는 그런 통제된 사람, 이마에 주름이 패인 비판적인 영을 가진 사람들입니다. 때로 그런 사람들은 대단히 송교적이며 모범적인 삶을 살지만 자신을 포기하고 사랑을, 심지어 하나님으로부터의 사랑까지도 받는 것이 그들에겐 힘든 일인 것입니다.

치유 받기 위한 열린 마음이란 하나님 나라에 들어가려면 어린 아이와 같이 되라는 예수님의 말씀과 많은 관련이 있는 것 같습니다(마 19:13-15). 아직 예수님을 잘 알지 못하는 사람(사도행전 10장에 나오는 로마 백부장 고넬료 같은 사람들)들도 있지만 믿고 의지하고자 하는 준비된 마음이 있는 사람들에게서 치유가 가장 잘 일어난다는 것을 경험상 알 수 있습니다. 그들의 눈 속에서 여러분은 볼 수 있을 것입니다.

그러므로 어린 아이와 같이 되십시오. 너무 많이 알아내려고 애쓰지 마십시오. 긴장하지 마세요. 그저 순종하시고 친구들에게 기도해 주세요. 그러면 하나님은 여러분이 생각했던 것보다 훨씬 더 자상하시다는 것을 깨닫게 될 것입니다!

> 너희 중에 누가 아들이 떡을 달라 하면 돌을 주며 생선을 달라 하면 뱀을 줄 사람이 있겠느냐 너희가 악한 자라도 좋은 것으로 자식에게 줄 줄 알거든 하물며 하늘에 계신 너희 아버지께서 구하는 자에게 좋은 것으로 주시지 않겠느냐(마 7:9-11).

치유하는

가족의
회복을
위해 –
기도하라

기도

The
Prayer
That
Heals

Praying

for

Healing

in the

Family

치유하는 기도

가족의 회복을 위해 기도하라

The
Prayer
That
Heals

Praying

for

Healing

in the

Family

9장

치유하는 사랑

The
Prayer
That
Heals

특별한 은사를 소유한 유명한 치유 사역자들은 치유를 일으키는 어떤 믿음을 주로 강조합니다. 사람들이 치유되고 있는 것을 직감하고 그들에게 "나았다고 주장하라"고 하는 사역자들의 은사는 때로 보통 사람들에겐 주눅이 들 수 있습니다.

여러분은 어쩌면 그런 사람들을 모방해야 한다고 생각하거나 아니면 포기하고 스스로 "나는 저런 믿음이 없으니 내 기도는 효력이 없어"라고 말할 수도 있을 것입니다. 아니면 그 사역자들이 지나치게 감정적이거나 과장된 선포를 하고 있다고 생각하고픈

유혹이 들기도 할 것입니다.

하지만 여러분은 평범한 사람들로서 그렇게 기도할 필요는 없습니다. 제가 앞장에서 말씀드린 것처럼 여러분의 믿음은 그저 하나님의 선하심에 있으면 됩니다. 여러분이 기도하고 있는 사람을 여러분보다 하나님이 더 사랑하십니다. 주님께서 원하시는 것이 가장 좋은 것이며 그것은 아마도 그를 고치는 것일 것입니다. 그분은 여러분을 사랑하시기에 여러분의 기도를 듣기 원하시며 응답하기를 원하십니다. 그러므로 가족들에게 기도해 줄 땐 사랑을 강조하십시오. 그러면 결코 그릇되지 않을 것입니다.

만약 여러분이 기도하면서 당신과 당신의 가족이나 친구들을 향한 하나님의 사랑에 집중하면 몇 가지 일들이 일어날 것입니다.

첫째, 여러분이 비판적이지 않고 사랑을 베푸는 사람이 되게 되면 여러분 자신의 여러 가지 질병들도 해결되고 더 건강한 사람이 될 것입니다. 수많은 의사들이 우리 내부의 영적 상태와 신체와의 관련성을 발견하고 있습니다. 예를 들어 어떤 의사들은 오늘날 심장마비의 근본 이유가 우리를 지나치게 경쟁하도록 하며 사람보다 일을 더 중요시 여기며 시간을 쪼개어 일하도록 하는 우리의 왜곡된 영적 가치관에서 기인된다고 합니다. 이런 종류의 행동 즉 A형 행동[1]은 조기 심장마비를 조장합니다. 저 역시 A형의 인간으로서 제 자신의 일이나 제가 해야 할 어떤 교회 일보다 사람을 더 사랑하는 법을 점차 배우고 있습니다.

둘째, 여러분이나 여러분이 기도하고 있는 사람을 향하신 하나님의 사랑을 느끼게 되면 부드러워질 것입니다. 그렇게 되면 긴장을 푸십시오. ("어찌하여 무서워하느냐 믿음이 적은 자들아"[마 8:26]). 차분한 목소리로 말할 수 있으며 기도도 부드러워질 것입니다. 힘 있는 목소리나 고함을 지르거나 경직된 음성으로 말하는 사람들을 모방할 필요가 없습니다. 친

---

[1] 이 주제에 관해 마이어 프리드만 의사가 쓴 흥미로운 책 『A형 행동과 당신의 심장을 치료하라』(*Treating Type A Behavior and Your Heart*)는 심장병이 있는 분들이나 전형적인 경쟁형의 미국인들에게는 훌륭한 도서일 것입니다.

구에게 이야기할 때와 같은 목소리로 하나님이 들으시고 응답해 주실 것이라는 고요한 확신으로 그분과 대화할 수 있는 것입니다. 만약 당신을 사랑하는 친구가 있다면 그와 이야기 할 때 구태여 떼를 쓰거나 큰 소리로 말할 필요가 없을 것입니다. 그냥 친구에게 필요한 것을 이야기하기만 하면 되고 또 도움이 되는 것이면 무엇이든 여러분에게 해 줄 것을 알 것입니다. 예수님께도 마찬가지입니다. 사람들은 말합니다.

> 그가 다투지도 아니하며 들레지도 아니하리니 아무도 길에서 그 소리를 듣지 못하리라. 상한 갈대를 꺾지 아니하며 꺼져가는 심지를 끄지 아니하기를…(마 12:19, 20).

주님은 목소리를 높여 결과를 요구하는 그런 기도보다는 그분의 다정하심을 신뢰하는 부드러운 기도를 더 높이 인정해 주실 것입니다. 간단히 말해서 가족들을 위해 기도해 줄 때 여러분은 그들에게 이야기하는 것과 같은 음성으로 하나님께 이야기하면 되는 것입니다.

셋째, 여러분이 사람들에게 안수해 주면 예수님의 생명과 사랑이 그들에게 흘러 들어가는 것을 그 어느 때보다 잘 느끼게 될 것입니다. 아기들은 안아 줘야 합니다. 그렇지 않으면 병에 걸리거나 시름시름 말라 죽을지도 모릅니다. 마찬가지로 우리도 하나님의 사랑으로 채우심을 입지 못한다면 영적으로 시들어 죽을 수도 있을 것입니다. 이 사랑은 주로 다른 사람들을 통하여 우리에게 옵니다. 만약 당신이 진실로 이것을 이해하게 되면 여러분은 기꺼이 시간을 내어 사람들에게 기도해 줄 것이며 또 여러분의 손을 통해 예수님의 생명과 사랑이 흘러나와 전달되며 치유되는 것을 느끼게 됩니다.

우리 공동체에 속한 폐암을 앓던 사역자 한 분을 저는 잘 알고 있습니다. 그분은 단 한 번도 자신의 따뜻한 면을 보여준 적이 없는, 그런 아주 열정적인 교사의 모습밖에 없었던 사람이었습니다. 그의 대화 내용은 모두 이론이나 개념 밖에 없었습니다. 그는 강직한 사람으로 한번도 연약한 모습을 보인 적이 없었습니다.

하지만 임종 즈음 그가 더 이상 말을 할 수 없게 되었을 때 그는 우리가 돌아가면서 그의 손을 잡아주기를 원했습니다. 두 발로 서서 건강할 때엔 절대로 이런 일을 원했을 분이 아니었습니다. 하지만 인생의 마지막 시간, 인생의 시작 때처럼 우리는 누군가 우리를 사랑해주는 사람들의 손길을 필요로 하는 단순한 존재임을 인정할 수밖에 없었던 것입니다.

그 당시에 저는 치유 기도에 대해서는 지식이 없었습니다. 단지 인간적인 차원에서 그분의 고독과 또 도움을 구하고 있는 그분의 내민 손만 보았을 뿐입니다. 하지만 그 이후로 저는 병든 사람에게 손을 얹으라는 복음서 기자들의 지혜를 깨닫게 되었습니다. 이제 저는 알고 있습니다. 우리의 손을 통하여 하나님의 사랑이 흘러나와 환부에 그분의 치유의 권능이 비춰져서 질병이 시들어 버리고 건강한 세포들이 모두 되살아나서 인체의 적들을 무찌른다는 것을 말입니다!

끝으로 우리는 모두 언젠가 죽음이 찾아온다는 것을 알고 있습니다. 그때 죽어가고 있는 친구를 위해 여러분이 할 수 있는 가장 간단하면서도 가장 아름다운 일은 그저 그 자리에 함께 있어 주는 것입니다. 이 생에서 다음 생으로 넘어가는 순간까지 손을 잡아주며 친구를 돌보아 주는 것입니다. 가끔씩 망설여질 때가 있습니다. "지금 죽어가고 있는 이 노쇠하고 병든 분이 낫도록 기도해야 할 것인가?" 치유를 위해 기도해 줘야 할지 하나님께 여쭈어 보았지만 아직 확신이 없다면 이런 상황에서 무엇이 가장 자연스러운 건지 알게 된 한 간호사의 방법을 추천하고 싶습니다.

그녀는 그저 예수님의 생명을 환자에게 부어달라고 기도하는 것입니다. 그러면 예수께서 자신의 생명이 그 환자를 새 생명 곧 천국으로 인도하실 건지 아니면 그 생명이 환자의 육신을 치료하여 육체적 건강을 회복시키실 건지 주님이 결정하시도록 하는 것입니다. 어느 경우든 당신은 환자의 침대 곁에 앉아서 수시로 기도할 수 있습니다. 가능하면 환자의 손을 잡고 예수님의 생명이 당신을 통하여 아픈 친구에게 흘러 들어가서 치유와 위로를 주는 것을 그리면서 말입니다.

저의 아버지와 어머니가 돌아가시던 때를 생생하게 기억하고 있습니다. 넉달을 사이에 두고 그분들은 가셨습니다. 하지만 마지막 며칠 밤을 저와 함께 돌아가면서 같이 했던 교회 친구들이 얼마나 큰 힘이 되었는지요. 저 혼자였다면 결코 그렇게 할 힘이 없었을 것입니다. 이 생에서 새로운 생으로 넘어가는 그 시간 우리가 죽음이라고 부르는 그 과정에 우리는 그곳에 함께 할 수 있었습니다.

매시간 우리는 기도했으며 신약성경의 한두 구절을 낭독하기도 하고 시편을 읽어드렸습니다. 하지만 그곳엔 항상 누군가 어머니의 이마에 사랑을 담은 손을 얹거나 그녀의 손을 붙잡아 주는 사람이 있었던 것입니다. 그런 시간에는 말이 쉽게 나오지 않는 법입니다. 오직 침묵 속에 사랑만이 위로를 가져오는 것이지요.

치유하는

가족의
회복을
위해 –
기도하라

기도

치유하는 기도

가족의 회복을 위해 기도하라

The
Prayer
That
Heals

Praying

for

Healing

in the

Family

10장

내적 치유

The
Prayer
That
Heals

　우리가 절실히 필요로 하는 치유 가운데 가장 심오하고 우리에게 가장 필요한 치유는 대체로 영적이거나 감정의 치유인 것입니다. 우리가 주말 집회를 가지게 되면 종종 사람들이 큰 소리로 하나님을 찬양하며 금요일 저녁은 환희로 가득 찹니다. 그 후엔 각 개인에게 그들이 원하는 영역의 축복을 위해 기도해 주는 시간을 갖습니다. 첫 시간이 끝날 땐 치유를 위한 기도를 제의하지 않습니다. 축복을 위해 기도해 주는 그런 긍정적인 방법으로 시작하며 치유와 같은 무거운 기도는 다음 날 하기로 하지요. 하지만 사람들이 축복을 받기 위해 앞으로 나오게 되면 기쁨의 미소는 사라지고 내적 치유를 갈망하는 속에서 터져나오는 부르짖음을 거듭거듭 듣게 됩니다.

"저를 위해 기도 좀 해 주세요. 남편이 떠난 후 저는 자살을 생각하고 있어요."

"제발 저를 위해 기도해 주세요. 너무 혼란스럽습니다. 저는 동성 연애자인데 걸핏하면 거리를 배회하며 누군가를 찾고 있지만 제 힘으론 어쩔 수가 없어요."

"저는 까닭 없이 두렵고 불안합니다. 무엇이 잘못됐는지 모르겠어요. 사람들과 있는 게 싫어요."

조금 전까지의 찬양에도 불구하고 많은 사람들이 내면의 깊은 상처에 시달리고 있습니다. 어떤 고통들은 삶의 한 부분이겠지요. 그것은 정상적인 인생

사라면 어떤 경우든 올 수 있는 것입니다. 우리는 그것을 "눈물 골짜기"라고 부르며 그게 인생인 것입니다. 어떤 고통들은 우리가 회개하며 우리의 삶을 바꾸는 것을 요구합니다.

그러나 대부분의 고통들은 과거의 상한 감정으로 인한 것이며 예수께서 오셔서 치료하여 "새로운 피조물"(고후 5:17)이 되게 하십니다. 치유 사역을 하는 동안 제게 가장 큰 발견은 예수께서 이러한 깊이 자리잡은 상처를 주로 치료하신다는 것입니다.

> 여호와의 신이 내게 임하셨으니 이는 여호와께서 내게 기름을 부으사 가난한 자에게 아름다운 소식을 전하게 하심이라. 나를 보내사 마음이 상한 자를 고치며(사 61:1).

예수께서 이러한 상처를 치유하심을 체험적으로 처음 깨달은 사람은 제가 알기로는 고 아그네스 샌포드일 것입니다. 주님께서 그녀와 함께 그녀의 과거로 돌아가셔서 마치 황충의 해와 같이 칠 년 동안 그녀를 얽매고 있던 마음의 우울증을 치료해 주셨습니다.

우리가 깨달은 것은 (성경에 이미 나와 있습니다) 예수님의 모든 것, 그의 모든 감성적이며 정신적인 것들이 십자가에서 우리의 구속을 위해 그와 함께 죽었다는 것입니다. 그분은 모든 면에서 우리와 같은 인간이셨지만 죄는 없었습니다.

> 우리에게 있는 대제사장은 우리 연약함을 체휼하지 아니하는 자가 아니요 모든 일에 우리와 한결같이 시험을 받은 자로되 죄는 없으시니라. 그러므로 우리가 긍휼하심을 받고 때를 따라 돕는 은혜를 얻기 위하여 은혜의 보좌 앞에 담대히 나아갈 것이니라(히 4:15-16).

예수께서 "내가 목마르다"(요 19:28)라고 부르짖으실 때 그 분 속의 무언가가 함께 죽으므로 알콜 중독자들이 또다시 목말라 하지 않게 하신 것입니다. 십자가 상에서 "나의 하나님, 어찌하여 나를 버리셨

나이까?"(마 27:46)하며 절규하셨을 때. 주님은 자신의 아버지를 잃는 아픔을 겪으심으로 우리로 하여금 아버지 하나님의 임재를 알게 하셨습니다.

> 우리가 저에게 와서 거처를 저와 함께 하리라
> (요 14:23).

우리가 갖고 있는 모든 내면의 연약함을 주님은 자신의 생명과 인격으로 함께 담당하리라고 약속하셨습니다. 우리는 아버지 하나님과 그 백성들을 향하신 주님의 사랑을 함께 나눌 수 있게 된 것입니다. 그의 기쁨과 그의 평화를 함께 나눌 수 있습니다.

우리가 본보기로 그분과 평화하도록 노력한다는 것이 아닙니다. 그저 우리는 선물로 주님의 평강을 구할 수 있습니다. 우리가 힘을 다해 훈련하고 노력하여 얻을 수 있는 그 어떤 것보다 훨씬 넘어선 그런 평강 말입니다.

> 평안을 너희에게 끼치노니 곧 나의 평안을 너
> 희에게 주노라. 내가 너희에게 주는 것은 세
> 상이 주는 것 같지 아니하니라(요 14:27).

이 말씀은 우리가 사랑하며 화평하며 기뻐하며 인내하도록 힘쓰지 않아도 된다는 말이 아닙니다. 우리가 이것들을 선물로 구하지 않는다면 실패할 수밖에 없을 것입니다. 이러한 것들은 우리 노력의 한계를 너머 성령의 열매인 것입니다.

타락하고 상처 입은 인간의 본성 때문에 우리는 인간으로서 모두 바울 사도가 말한 것처럼 슬픈 처지에 놓여있습니다.

> 나의 행하는 것을 내가 알지 못하노니 곧 원
> 하는 이것은 행하지 아니하고 도리어 미워하
> 는 그것을 함이라(롬 7:15).

하지만 기쁜 소식은 이러한 강박적인 행동들은 모두 치유될 수 있다는 것입니다. 완전히 치유되는 데는 대체로 시간이 걸리겠지만 기도하는 가운데 순간 도약적인 치유가 일어나는 것도 가끔씩 경험하게 됩니다. 심리학을 연구하는 것이 질병의 뿌리를 알아내고 악이 인간과 세상에서 어떻게 인격을 왜곡시키는지 아는 데 도움이 됩니다.

하지만 심리학이 문제점들을 인간적으로 분석하는 일에는 도움을 주지만 치료에는 별 소용이 없습니다. 예수님의 도우심으로 우리의 성장을 방해하고 잘못인 줄 알면서도 어쩔 수 없이 나쁜 행동을 하게 하는 소년기의 상처에 우리는 접근할 수 있습니다. 우리가 시간을 들여 일정 기간 꾸준히 기도해 주면 거의 대부분의 경우에서 놀라운 변화들이 일어남을 저는 봅니다.

지난 달 우리가 기도해 준 여인으로부터 온 글을 한번 보십시오.

> 우리 속을 어두움이 장악하고 있을 땐 자유한다는 것이 어떤 것인지 알 수 없을 거에요. 지금 저는 기분이 최고입니다. 제가 주님을 사

랑하려고 할 때나 제가 일상에 해야 할 일들을 처리하고자 할 때마다 저를 비웃는 소리가 한평생 따라다녔어요. 제가 그 소리를 마지막 들은 것은 따돌림(rejection)의 영이 쫓겨 나기 직전이었어요.[1] 이제는 제가 결정하는 일과 제 자신에게 당당합니다.

그저께 화가 난 어떤 여인이 제게 왔지만 처음으로 그 여자의 분노가 저를 어떻게 하지 못했어요. 정말 제가 꿈을 꾸는 기분이군요. 제가 누리고 있는 이 평강이 실제이기를 그리고 계속되기를 바랍니다.

사람들과 사귀는 것이 제게는 끔찍한 고통이었지만 이제는 파티나 사람들과 함께 있는 게 즐거워요. (사람들을 피하기 위해 저는 항상 변명을 둘러대곤 했었지요).

제게서 가장 큰 변화는 새로운 활력이에요. 이제는 피곤해지는 시간이 없어요. 제 삶은

---

[1] 내적 치유와 함께 악한 영이 쫓겨나기도 합니다.

> 줄곧 피곤과의 전쟁이었습니다. 피곤이 찾아
> 오기 전에 제 일을 끝낼 빠르고 쉬운 방법들
> 을 궁리하며 어서 끝내고 쉬고 싶었어요. (어
> 떨 땐 하루에 열 두 시간씩 쉬었어요).
> 지금은 너무 좋아요!

제 자신의 경우도 내적 치유가 필요했습니다. 주로 사람들을 두려워하는 영역이었습니다. 우리 사회의 보편적 병폐일 것입니다. 저는 경쟁적인 환경에서 자랐습니다. 학업이나 인기, 스포츠에서 경쟁하면서 말입니다. 대부분의 사람들처럼 저도 가끔씩 실패했습니다. 몸무게 60kg에 187cm 키의 고등학교 졸업생으로 멍청하고 어색한 꼴에 속으로는 깊은 수줍음과 당혹감을 수년 동안 지니고 있었습니다. 체중이 조금 증가한 후에도 그러했습니다.

제가 자유로워져서 어느 정도 자신을 잊고 심한 자의식 없이 일을 할 수 있었던 것은 오직 기도를 통해서였습니다. 저처럼 대부분의 사람들이 심연에 두려움이나 쓴 뿌리를 갖고 하나님의 자녀들이 누려야 할 자유를 소유하지 못합니다.

그러면 우리가 그토록 바라며 필요로 하는 내적 자유를 위해 어떻게 기도해야 할까요? 대부분의 사람들에게 도움이 되는 몇 가지 간단한 방법들이 있습니다. 물론 더 어려운 경우에는 기도에 특별한 은사가 있거나 전문적인 상담사 혹은 기도에 특별한 은사와 전문적 훈련을 둘 다 갖춘 사람이 나을 것입니다.

내적 치유를 받기 위한 가장 간단하고 또 가장 기본적인 방법은 주님과 친밀한 교제를 나누는 친구들에게 도움을 구하는 것입니다. (이상적으로 이들은 여러분의 남편이나 아내, 혹은 여러분의 아버지나 어머니 아니면 여러분이 속한 공동체의 지체일 수 있습니다). 그리고 분주하지 않는 시간을 따로 한 시간쯤 마련하십시오.

그 다음, 여러분의 삶 속에서 치료가 필요한 영역들이 무엇이든 그것들을 나누십시오. 언제부터 시작되었는지(기억이 난다면) 그리고 어떤 사건이 여러분의 삶 속에 상처를 초래했는지 그 문제에 다른 사람들이 연루되었는지 말입니다. (예를 들자면 의외로 많은 여인들이 소녀 시절 어쩌다 아버지나 오빠들에게 괴롭힘을 당하며 그것이 깊은 상처로 남아 나중에 그들의 남편과의 관계에도 영향을 미치게 됩니다).

문제의 뿌리가 되는 여러분 삶의 영역에 대해 여러분의 기도 상대와 최대한 나누십시오. 그 뿌리는 때로 여러분의 훨씬 이전 어릴 적 과거나 아니면 출생 이전[2]에 있을 수도 있습니다. 대부분 이러한 상처들은 과거의 특별한 사건이나 비틀어진 관계로 거슬러 올라갑니다. 아빠나 엄마와의 관계나 학교에서 당황스런 사건들이 특히 이런 상처의 주범일 수 있습니다.

우리 중 대부분은 자신의 숨겨진 모습이나 연약함에 대해 깊이 나누는 것이 쉬운 일은 아닙니다. 과

---

[2] 실제로 기도하는 가운데 제가 아는 몇몇 분들은 그들이 의식 세계에서 기억지 못하는 일들을 다시 겪기도 합니다. 엄마의 자궁 속에서 잉태되었던 시간까지 거슬러 올라간 듯 합니다. 때로 다 큰 성인이 바닥에 뒹굴면서 울며 소리칩니다. "나가지 않을거야! 태어나고 싶지 않아!" 그때 여러분은 그가 출생 전 겪었던 고통스런 시간들을 다시 살고 있다는 것을 즉각 알게 됩니다. 이 경우 우리는 그가 성인이 된 후에도 여전히 그를 괴롭히는 아픈 기억들로부터 자유케 되도록 기도해야 할 것입니다. 이런 경험들을 통해 저는 낙태의 비극에 대해 그 어느 때보다 깊이 깨닫게 됩니다.

거의 쓰라린 날들을 생생하게 떠올릴 때 많은 사람들이 울기도 합니다. 하지만 이러한 경험들을 남들과 깊이 나누는 자리까지 나올 수 있다는 것 자체만으로도 치유인 것입니다. 여러분의 삶의 진실을 타인과 이야기할 수 있다는 것이 신뢰의 큰 표현인 것입니다. 제게는 이야기하는 것이 힘의 원천이며 당신에게는 들어주는 것이 인간적인 수준에서 저를 치유하는 행위인 것입니다. 우리가 자신을 너무 깊이 정죄하기 때문에 우리를 정죄하지 않고 그저 우리 말을 들어주는 누군가가 있는 것만으로도 우리는 도움을 받을 수 있습니다.

> 오직 예수와 그 가운데 있는 여자만 남았더라. 예수께서 일어나사 여자 외에 아무도 없는 것을 보시고 이르시되 "여자여, 너를 고소하던 그들이 어디 있느냐? 너를 정죄한 자가 없느냐?" 대답하되 "주여 없나이다." 예수께서 가라사대 "나도 너를 정죄하지 아니하노니 가서 다시는 죄를 범치 말라" 하시니라. (요 8:9-11)

이러한 기억들은 말하는 것조차 너무 고통스럽기 때문에 마음을 먹기까지 시간이 걸립니다. 기혼자들 중에도 많은 수가 이 정도의 깊은 수준까지 나누는 일이 없을 것입니다. 결국 서로에 대해 그들은 잘 알지 못하게 됩니다. 어릴 적 노출되었던 아물지 않은 상처 어디엔가 닿이기만 해도 그것으로 인해 고통과 분노가 폭발하게 되지만 그 뿌리를 알지 못하면 그것을 이해할 수 없게 됩니다.

만약 여러분 중에 결혼한 분들은 서로 함께 할 시간을 내어 서로의 삶에 대해 이야기 하며 함께 기도해 주면 서로를 이해하며 치유하는 데 엄청난 도움이 될 것입니다. 과거의 상처난 관계들이 두 사람의 삶을 더 이상 망가뜨리지 못하도록 하는 데 말입니다.

바람직한 것은, 여러분이 나눌 땐 여러분이 전적으로 솔직해 질 수 있는 사람과 해야 하며 당신이 무너져 울게 되더라도 이해해 주며 그것이 건전한 일이며 또한 그 순간 여러분을 품어주는 것이 필요한 일인 줄 아는 그런 사람이어야 합니다.

하지만 미혼의 남녀들이 단 둘이서 이런 상황 속

에서 기도하는 것은 곤란한 일들이 당연히 있을 수 있습니다. 독신의 경우 때로 이해력이 많은 결혼한 부부에게 가서 기도를 받는 것이 가장 좋습니다. (눈물을 흘리는 동안 포옹해줌으로 때로 엄청난 치유가 일어나는 것을 저는 본 적이 있습니다. 그래서 이런 경우에는 오해를 받거나 성적으로 오용될 위험이 없는 상황에서가 좋을 것입니다).

여러분이 마음을 열고 기도를 받을 수 있을 만큼 그 사람을 잘 알지 못하거나 신뢰할 수 없는 경우도 있다고 생각합니다. 만약 여건이 허락한다면 여러분에게 이상적인 방법을 알려드리고 싶습니다.

여러분을 이제껏 절름거리게 하는 힘을 갖고 있는 삶의 영역에 대해 여러분이 할 수 있는 한 자세히 그리고 심도 있게 나누었다면 이제는 기도해야 할 시간입니다. 이 기도는 두 가지 사실에 의존하고 있습니다.

① 예수님은 여러분처럼 인간이셨으며 여러분에게 치유가 필요한 그 영역까지 주님은

다 겪으셨기 때문에 여러분을 고치실 수 있습니다.
② 예수께서는 여러분의 과거로 돌아가셔서 그것이 현실의 삶에 미치는 영향력을 변화시킬 수 있습니다. 이러한 일은 여러분이나 정신과 의사들도 할 수 없는 일입니다.

그러므로 여러분의 친구가 당신을 위해 기도해 줄 수 있으며 당신도 친구를 위해 기도할 수 있습니다. 예수께서 친히 과거로 돌아가셔서 독소들을 제거하시도록 말입니다(이 기도는 용서 장에서 기술했던 기도와 매우 유사합니다). 간단한 방법은 여러분이 지금 기도해 주는 사람에게 고통스런 사건을 상상하도록 요청하시고 예수께서 그 장면에 오셔서 그 당시 있었던 사건들을 치유하기 위해 필요한 일들을 하시는 것을 상상해 보라고 하십시오.

기도를 맡은 사람 쪽에서는 예수께서 그 장면에 오시도록 구하시고 주님께서 떠맡으시고 필요한 일들을 하시는 동안 침묵하십시오(때때로 주님께서 실제로 이렇게 하십니다. 이런 경우가 가장 좋을 것이며 치유가 예외 없이 일어납니다). 혹은 기도하는 사람이 성령의 보여주심에 민감하게 되면 소리 내어 기도하면서 예수께서 그 상황에서 하시는 행동들을 묘사할 수 있을 것입니다.

예수께서 치유하시는 몇 가지 방법에 대해 예를 들어 소개해 드리겠습니다. 어린 시절 냉정하고 늘 책망하는 엄마 밑에서 매우 불행하게 살았던 여인이 자신의 치유를 위해 스스로 기도한 적이 있었습니다. 그 엄마로 인해 그녀는 가정에서 힘겨운 어린 시절을 보내야 했던 것입니다.

기도 중에 예수께서 나타나셔서 그 어린 소녀를 데리고 세탁실로 들어갔습니다. 그곳은 그 아이가 수없이 야단맞던 곳이었습니다. 그곳에서 주님은 그 아이와 함께 이야기하며 노래 부르며 그 아이가 빨래를 접는 것을 도와주셨습니다. 주님은 오랫동안 그 아이 곁에서 그 애가 즐겁게 일할 수 있도록 도와주며 가정에서 있었던 그 끔찍스런 기억들을 완전히 다르게 바꾸어 주셨습니다(그 아이는 한번도 빨래

뿐만 아니라 다른 일들도 그렇게 할 수 없었던 것이지요).

또 한번은 종교적으로 너무 엄격한 교육 하에 자랐기 때문에 하나님은 자신과 동떨어진 분이라고 생각하는 사람을 위해 제가 기도해 준 적이 있었습니다. 우리가 기도하는 가운데 그 사람이 어릴 적 자신의 침실 벽 액자 속에 있던 예수님의 그림처럼 주님이 나타나셔서 아이들과 함께 앉아 계셨습니다. 아이들은 주님을 둘러싸고 있었고 몇 명은 주님의 무릎 위에 그리고 어떤 아이들은 바닥에 앉아 있었습니다. 그는 처음에는 예수님을 외면한 채 바닥에 앉아있었습니다. 그것이 그가 느끼고 있는 모습이었습니다. 따돌림 당하고 거절된 모습이었습니다.

그때 예수께서 그를 안아 무릎에 앉힌 후 자신을 향하도록 돌려 앉히셨습니다. 주님과 얼굴을 마주하자 예수께서 미소를 짓으셨습니다. 그 순간 하나님으로부터의 거절과 무관심의 감정들이 녹아버린 것입니다.

이와 같은 단순한 두 경우는 예수께서 어떻게 일하시는지 제가 경험했던 방법들을 잘 보여줍니다.

그분은 흔히들 간증 집회에서나 들을 수 있는 끔찍한 고뇌를 치유하실 뿐만 아니라 때로는 많은 사람들이 겪는 쓰라린 고독과 같은 일상의 상처까지 고쳐주십니다. 주님께서 고치실 때는 때로 아주 단순한 방법을 쓰시기도 합니다. 아이를 무릎에 앉히거나 평범한 일과를 함께 도우신다든지 하는 것처럼 일상의 삶 속에 임재하셔서 치유하십니다.

내적 치유를 위한 기도는 이처럼 매우 단순하기도 합니다. 먼저 그 사람 곁에 앉아서 그 사람의 어깨나 손을 잡아줍니다. 그리고 예수께 구하십시오. 그 사람의 과거로 돌아가셔서 상처 입은 관계나 아픈 사건들을 고쳐주시도록 말입니다. 그리고 예수께서 이 모든 일들을 하시도록 침묵 가운데 기도하거나 아니면 하나님의 보여주심을 따라 소리 내어 예수께서 그 사람을 온전케 하기 위한 행동들을 하시는 것을 묘사할 수도 있습니다.

점차 경험이 쌓이게 되면 아버지 하나님께도 간구할 수 있습니다. 육신의 아버지와 관계가 깨어진 사람을 위해 여러분이 기도하고 있다면 친히 과거로

가셔서 그를 도와 주시도록 말입니다. 특히 가톨릭 신자인 경우 예수께서 때로 육신의 어머니 마리아를 보내셔서 엄마와의 관계에 상실된 것들을 회복시킬 수도 있을 것입니다.

여러분이 기도해 주는 사람들이 각자 다 다르기 때문에 어떻게 해야 하는지 말씀드리기는 결코 쉽지 않습니다. 하나님의 백성들이 상처 입는 양상이 수도 없이 다양할 뿐만 아니라 하나님께서 그들을 치유시키시는 방법 또한 각자 다르기 때문에 어느 한 기도의 공식이 모든 경우에 다 적용될 것이라는 것은 잘못입니다.

그러므로 어떻게 기도해야 할지 여기서 설명하기에는 어렵습니다. 하지만 내적 치유에 대한 개념은 매우 단순하며 거의 대부분의 경우(신체적 치유보다 더 자주) 일어난다는 것을 여러분이 깨닫는다면 여러분 가까이에 있는 사람들을 위해 용기를 가지고 기도하게 될 것입니다.

그저 친구들의 문제에 귀를 기울이십시오. 분석하거나 비판하거나 이해하려고 하지 마시고 단순히 성령의 인도하심을 따라 기도해 주세요. 그러면 예수께서 여러분 스스로 한번도 생각해 보지 못한 그런 다양한 방법으로 도우심을 여러분은 깨닫게 될 것입니다. 대부분 예수께서 치유에 사용하시는 방법은 매우 간단합니다. 주님은 사람들을 용서해 주시고 눈을 들여다봐 주십니다. 주님께서 눈빛을 주시면 어릴 적 따돌림은 치유되며 그가 품속에 형제처럼 포옹해 주시면 고독이 사라집니다.

어떤 방법은 정말 간단합니다. 많은 부모들이 자녀들의 영적 혹은 정서적 성장에 자신들이 한 행동이나 말 때문에 피해를 입혔다는 것을 알고 있습니다. 하지만 그 문제점들을 악화시키지 않고 어떻게 자녀들에게 지적해야 할지 모릅니다.

아이가 잠들어 있는 동안 엄마와 아빠는 아이에게 손을 얹고 방언으로 기도해 줄 수 있습니다. 방언으로 기도하면서 하나님께서 내적 치유를 위해 그 기도를 사용하여 주시도록 구하십시오. 제가 알고 있는 몇몇 부모들은 이런 매우 간단한 방법으로 아이의 태도와 행동이 다음 날 확연히 달라졌다고 합니다!

사실상 내적 치유를 위한 기도의 큰 그림은 너무 단순하기 때문에 우리가 쉽게 받아들이지 않을 수도 있습니다. "그처럼 복잡하고 뿌리 깊은 문제들이 그런 간단한 기도로 해결될 수는 없을 거야." 하지만 수도 없이 치유됨을 저는 목격했습니다.

　그러므로 여러분의 과거를 당신의 배우자나 가족 혹은 가까운 친구와 함께 나누십시오. 그리고 예수님께 구하십시오. 마음의 가장 깊은 곳까지 주님의 치유를 부어달라고 말입니다. 오직 그분만이 세상이 줄 수 없는 평강을 당신에게 주실 것입니다.

치유하는 기도

가족의 회복을 위해 기도하라

The Prayer That Heals

Praying for Healing in the Family

 **맺는 말**

 지금쯤 여러분들은 제가 제안한 것들을 실천에 옮길 마음을 먹었으리라 희망합니다. 그것들이 참으로 여러분의 인생을 변화시킬 것입니다. 또한 예수께서 여러분 속에서 그리고 여러분을 통하여 놀라운 일들을 하심을 여러분들도 보게 될 것이라 저는 확신합니다. 그 방법들이 정말 간단하기 때문에 좀 더 많은 수의 신자들이 실천하지 않는 것이 의아합니다.

 기본적으로 해야 할 것들은 다음과 같습니다.

① 사람들을 향한 긍휼과 사랑을 가지십시오.
예수께서는 여러분보다 훨씬 더 큰 긍휼을
갖고 계심을 믿으십시오(물론 능력 역시 크
십니다).
② 예수님께 아뢰시고 치유해 주시도록 구하
십시오.
③ 그리고 손을 병자에게 얹으십시오.

이렇게 해 보셔서 여러분이 손해 볼 일(체면 외에
는)은 없을 것입니다. 그리고 완전히 새로운 세상이
여러분을 위해 열리며 그 속에서 하나님의 긍휼이
역사하심을 보게 될 것입니다.

이 시간 여러분을 위해 기도합니다.

주 예수님, 이 글을 읽는 분들에게 믿음과 확신을
주셔서 그들의 친구들에게 손을 뻗게 하소서. 사람
들의 고통이 사라지며 질병이 치료되도록 그들이 기
도하는 것을 도와주소서. 어떻게 기도하는 것이 최

선인지 깨닫는 지혜를 주시고 그들의 기도에 병을 고치는 믿음을 부어주시고 그들의 손에 생명과 위로를 주는 능력을 부어주십시오. 그들이 이제부터 가족들과 친구들을 위해 기도해 줄 때 이전보다 더 깊이 주님을 알게 해 주십시오. 주님께서 얼마나 놀랍고 친근하신 친구인지 그들로 체험케 하소서. 우리의 주님, 우리의 치유자, 우리의 친구이신 예수 그리스도의 이름으로 기도합니다.

치유하는

가족의
회복을
위해 —
기도하라

기도

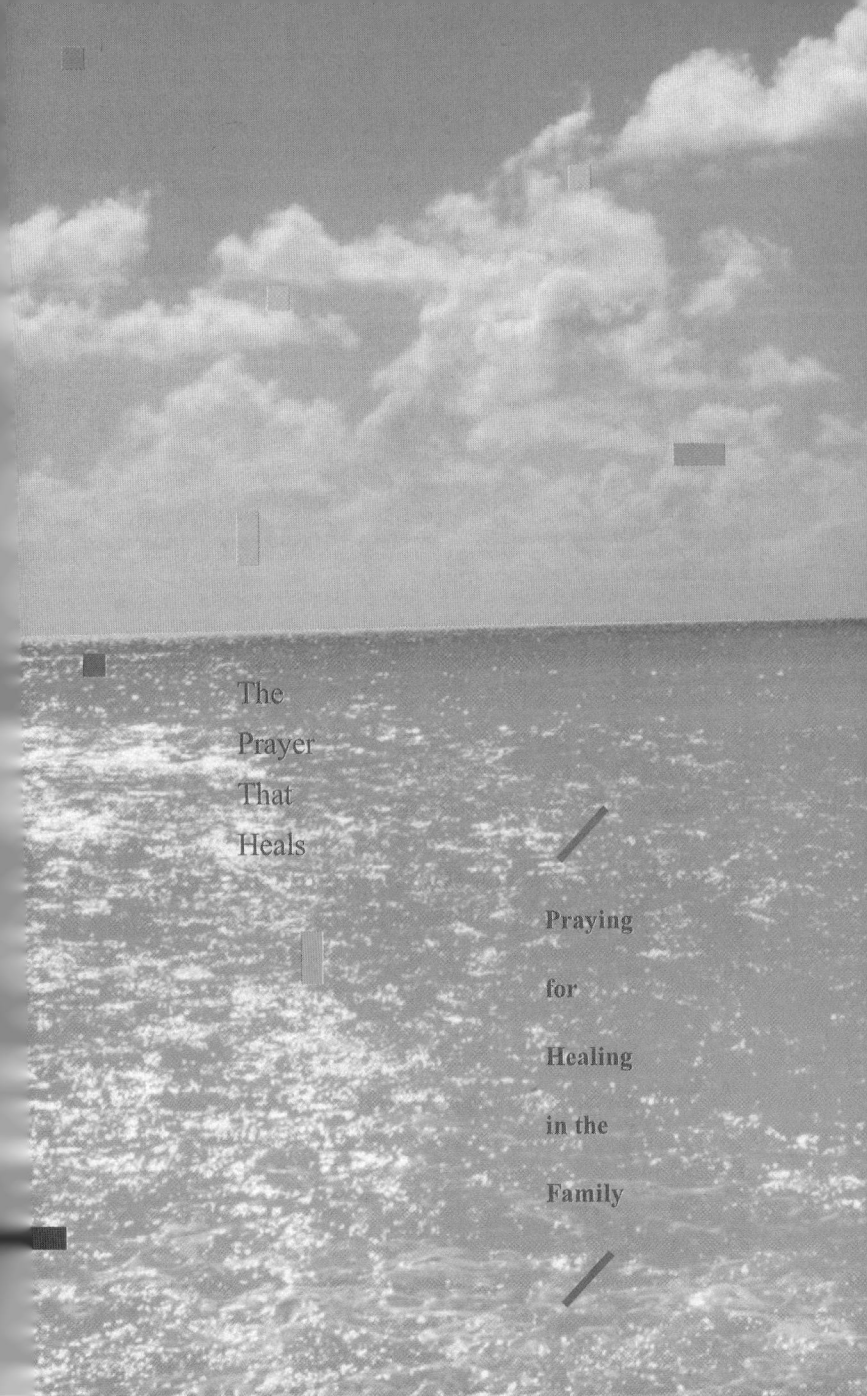

The
Prayer
That
Heals

Praying

for

Healing

in the

Family

로이헷숀 시리즈

1. 갈보리 언덕 *The Calvary Road*
로이 헷숀 지음 | 장기순 옮김 | 사륙판 양장 | 200면

부흥의 문제를 다루는 본서는 부흥은 개인의 심령이 새로워지는 것으로부터 시작한다고 말하며 부흥의 기초와 능력인 십자가에 대하여 강조한다.

2. 예수님을 바라보라 *We would See Jesus*
로이 헷숀 지음 | 김영옥 옮김 | 사륙판 양장 | 200면

갈보리 언덕의 후속편으로 죄인을 하나님께로 인도하는 오직 참된 문이시며 길 되신 예수님만을 인생의 목표로 바라보도록 도전한다.

3. 지금 충만을 받으라 *Be Filled Now*
로이 헷숀 지음 | 정갑중 옮김 | 사륙판 양장 | 104면

믿음의 근원이신 성령님으로부터 시작되는 성령 충만의 본질을 이해하고 새로운 회개와 결단을 하도록 도와준다.

4. 주를 뵈올 때 *When I Saw Him*
로이 헷숀 지음 | 정갑중 옮김 | 사륙판 양장 | 152면

그리스도인의 삶과 사역에 편만한 자기 의지, 자기 노력, 자기 영광을 버리고 오직 믿음으로 예수님을 바라보도록 도전한다.

5. 당신의 옷자락으로 나를 덮으소서 *Our Nearest Kinsman*
로이 헷숀 지음 | 정갑중 옮김 | 사륙판 양장 | 192면

룻기에 나타난 아주 특별한 구속과 부흥의 진리를 풀어낸다. 죄인을 구원하시는 삼위 하나님의 최상의 은혜로운 행동을 만날 수 있다.

6. 나는 죽고, 그리스도만 *Not I, But Christ*
로이 헷숀 지음 | 허정숙 옮김 | 사륙판 양장 | 296면

사울 왕과 다윗 왕의 이야기를 통해 예수 그리스도와 우리의 관계를 보여주고, "나는 죽고 그리스도만" 사는 삶을 바라보게 한다.

7. 더 깊은 회개 *Forgotten Factors*
로이 헷숀 지음 | 최정숙 옮김 | 사륙판 양장 | 200면

더불어 사는 삶을 위하여 타인에게 가한 성적인 잘못, 동성애, 자학 행위 그리고 하나님께 짓는 죄에 대한 회개를 촉구한다.

8. 나의 갈보리 언덕 *My Calvary Road*
로이 헷숀 지음 | 조상원 옮김 | 사륙판 양장 | 464면

로이 헷숀은 자신의 경험을 이 책에 담아 사람들이 하나님의 행하심을 바르게 해석하고 독자들이 충분히 이해할 수 있도록 한다.

9. 위대한 복음 *Good News for Bad People*
로이 헷숀 지음 | 조숭희 옮김 | 사륙판 양장 | 280면

단순하지만 성경적인 언어로 복음을 기술하였다. 특히 죄로 인해 낙망에 빠지는 그리스도인들에게 큰 위로와 도움이 될 것이다.

10. 새 언약의 삶 *From Shadow to Substance*
로이 헷숀 지음 | 조상원 옮김 | 사륙판 양장 | 352면

히브리서를 재발견함으로써 그리스도를 점진적으로 알아가는 과정을 다루고 있어 신앙적 성숙을 열망하는 모든 그리스도인에게 유익하다.

치유하는 기도 : 가족의 회복을 위해 기도하라

The Prayer That Heals : Praying for Healing in the Family

2015년 6월 1일 초판 발행

지은이 | 프란시스 s. 맥너트
옮긴이 | 정갑중

편 집 | 이종만
디자인 | 김소혜, 고찬송
펴낸곳 | 사) 기독교문서선교회
등 록 | 제16-25호(1980. 1. 18)
주 소 | 서울시 서초구 방배로 68
전 화 | 02) 586-8761~3(본사) 031) 942-8761(영업부)
팩 스 | 02) 523-0131(본사) 031) 942-8763(영업부)
홈페이지 | www.clcbook.com
이메일 | clckor@gmail.com
온라인 | 기업은행 073-000308-04-020, 국민은행 043-01-0379-646
　　　　　예금주: 사)기독교문서선교회

ISBN 978-89-341-1464-2 (93230)

* 낙장 · 파본은 교환해 드립니다.

이 도서의 국립중앙도서관 출판시 도서목록(CIP)은
서지정보유통지원시스템 홈페이지(http://seoji.nl.go.kr)와
국가자료공동목록시스템(http://www.nl.go.kr/kolisnet)에서
이용하실 수 있습니다.
(CIP제어번호: CIP2015013815)